123 FOTOWORKSHOP KOMPAKT

FOTOSCHULE DES SEHENS (HRSG.)

Grundlagen Reisefotografie

Profifotos in 3 Schritten

64 faszinierende Bildideen und ihre Umsetzung

humboldt

INHALT

VORWORT

Reisefotografie – bei diesem Begriff denken viele sicherlich an Erlebnisse in fernen Ländern, an Fotos von exotischen Städten und Menschen, vielleicht auch von Tieren im Dschungel oder in der afrikanischen Savanne. Aber auch bei Reisen innerhalb Europas oder Deutschlands bieten sich genügend Fotomotive, mit denen man von seinen Erlebnissen berichten, andere daran teilhaben lassen und eigene Erinnerungen bewahren kann. Egal ob nah oder fern, das Fotografieren auf Reisen macht Spaß und hält schöne Erlebnisse fest.

Wir, die *Fotoschule des Sehens*, haben in diesem Buch deshalb bewusst auf Fotos aus exotischen Ländern sowie auf seltene Motive verzichtet. Stattdessen sind in den Workshops Motive ausgewählt, wie sie einem unterwegs zuhauf begegnen. Die Bildidee, die dahinter steckt, wird beschrieben und es folgt eine Anleitung zum Nachmachen. Es sind Motive, wie sie jedem auf seinen Reisen am Meer, im Gebirge oder in den Städten begegnen werden. Und das ist auch die Absicht, die wir mit diesem Buch verfolgen: Genau wie in unseren fotografischen Seminaren, Workshops, Wanderungen und Reisen, möchten wir Dinge so vermitteln und zeigen, dass sie jederzeit von jedem mit einfachen Mitteln entdeckt und nachgemacht werden können. Jeder, der gerne fotografiert, auch wenn er gerade erst damit angefangen hat, soll Anregungen bekommen und dabei das Gefühl haben, dass ihm ähnliche Motive auf seiner Reise begegnen können und dass ähnliche Aufnahmen in ähnlichen Situationen mit der Anleitung des Buches leicht machbar sind. Dieses Buch soll Sie auf das Fotografieren bei Ihren Reisen vorbereiten, Ihnen Anregungen für Motive geben und Lust machen, es selbst auszuprobieren.

Alle unsere Empfehlungen, Anleitungen und Veranschaulichungen fototechnischer Sachverhalte sind auf Basis unserer Erfahrungen, die wir in unseren Workshops und Fotoreisen gemacht haben, entstanden und geben unsere ganz persönliche Bewertung und Meinung wieder. Wir hoffen, Ihnen mit unseren Tipps neue Anregungen und Ideen für gelungene Reisefotos geben zu können.

Viel Spaß beim Fotografieren wünschen Ihnen
Peter Uhl und Martina Walther-Uhl
von der Fotoschule des Sehens

DIE MISCHUNG MACHT'S: REISEFOTOGRAFIE

Gute Reisefotografien, die sich von schnellen Schnappschüssen unterscheiden, entstehen in der Regel nicht einfach so nebenbei. Sie erfordern neben vorausgehenden Planungen auch einige fotografische Erfahrung. Egal, ob die Reise in die Stadt, ans Meer oder ins Gebirge führt – es begegnet einem vieles, was man fotografisch gelungen festhalten möchte. Und so umfasst die Reisefotografie auch die verschiedensten fotografischen Fachgebiete. Neben Landschafts-, Architektur-, Pflanzen- und Tierfotografie gehören beispielsweise auch die Bereiche der Makrofotografie und das Fotografieren von Menschen dazu. Dass in der Reisefotografie mehrere „Spezialgebiete“ miteinander verschmelzen, macht sie zu etwas Besonderem.

Landschaftsfotografie

Unter Landschaftsfotografie stellen sich die meisten Menschen Bilder vor, auf denen möglichst viel von der Landschaft zu sehen ist. Natur so weit das Auge reicht und natürlich mit gleicher Schärfe von vorne bis hinten. Doch Landschaftsfotografie hat mehr zu bieten als nur Panoramen und Weitblick. Sie umfasst ein unendliches Potenzial von Aufnahmemöglichkeiten mit recht unterschiedlichen Anforderungen, je nachdem, wo man sich gerade befindet.

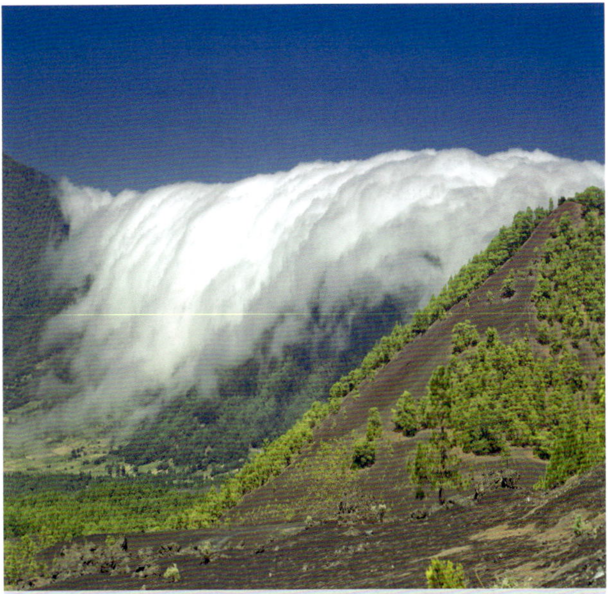

Wolkenwasserfall, siehe Workshop „Landschaft – Aufs richtige Licht warten".

Deshalb haben wir in den Workshops dieses große Thema in Teilbereiche wie z. B. Meer, Wald, Fließgewässer, Strand, Gebirge aufgeteilt. So wird es für Sie etwas übersichtlicher, und wir können ganz gezielt auf die Umsetzungsvoraussetzungen in den einzelnen Teilbereichen eingehen.

Architekturfotografie

Fotos mit Gebäuden, z. B. Kirchen, werden oftmals mit Weitwinkelobjektiv aufgenommen, damit alles drauf passt. Wenn Sie schon einmal mit Weitwinkel fotografiert haben, wissen Sie, wie schnell es passieren kann, dass das Gebäude auf dem Foto so schief steht, als würde es bald umkippen. Bei diesem Effekt spricht man von „Stürzenden Linien“ (siehe Kapitel „Stürzende Linien und verzerrende Effekte des Weitwinkelobjektivs“). Darauf gehen wir natürlich in den Workshops ein.

STÜRZENDE LINIEN

Stürzende Linien kann man entweder vermeiden oder bewusst ihre Dynamik als Stilmittel einsetzen. Dann bringen sie Spannung ins Bild (siehe Architektur-Workshop „Stürzende Linien vermeiden“ und Workshop „Verfallene Bauwerke – Stürzende Linien bewusst einsetzen“).

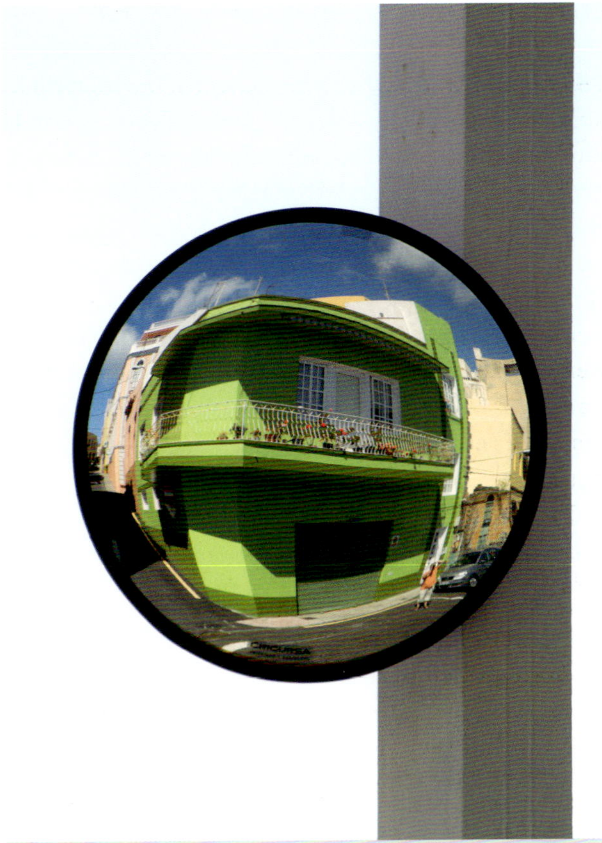

Architekturaufnahme im Spiegel, siehe Architektur-Workshop – „Spieglein, Spieglein an der Wand".

Pflanzenfotografie

Ein häufiges Problem in der Pflanzenfotografie ist, dass Pflanzen selten isoliert und alleine stehen, sodass schnell viele verwirrende und störende Elemente mit aufs Bild kommen. Dabei möchten Sie die Pflanze vielleicht so aufnehmen, als stünde sie dort ganz allein. Sie möchten sie also freistellen. Dazu müssen Sie einige Dinge bei der Aufnahme beachten, die wir Ihnen im Pflanzen-Workshop „Freigestellte Blume“ gerne verraten werden.

Oder Sie möchten Pflanzen einmal ganz anders aufnehmen, etwas Kreatives ausprobieren, wissen aber nicht genau wie. In den Workshopteilen „Pflanzen“ und „Wald“ werden Sie unter anderem zwei Kreativitätstechniken kennenlernen, mit denen Sie Pflanzen mal etwas anders als üblich darstellen können (siehe Wald-Workshop „Wald mal abstrakt“ und Workshop Pflanzen „Lupinen – frisch gezoomt“).

HERAUSFORDERUNG PFLANZENFOTOGRAFIE

Gerade, weil die Pflanzen, die man gerne fotografieren möchte, in ihrer natürlichen Umgebung selten isoliert stehen, sollte man Vorsicht walten lassen: Achten Sie darauf, dass Sie nicht andere Pflanzen aus Versehen zertreten oder beschädigen.

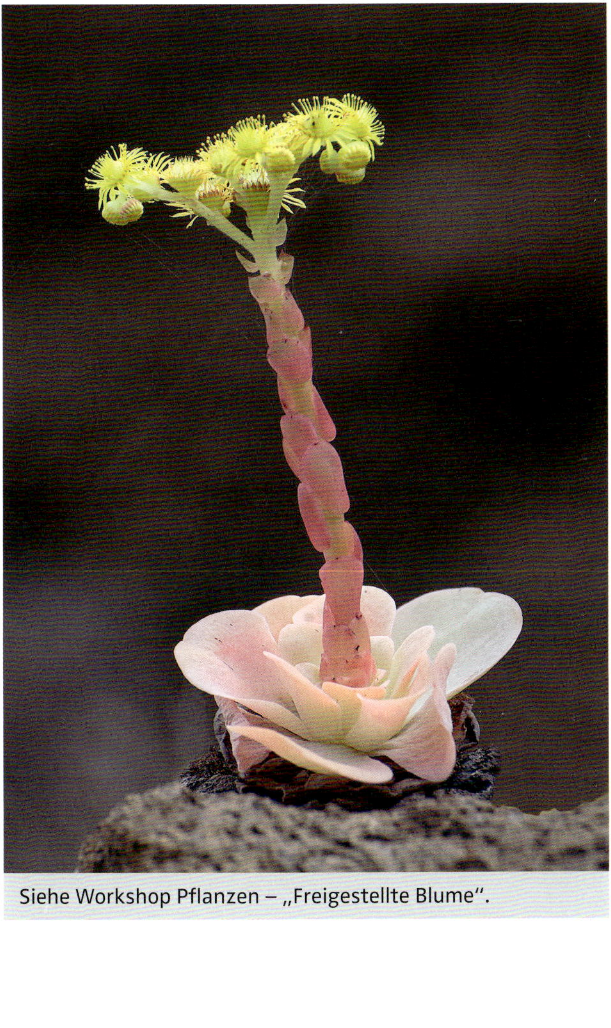

Siehe Workshop Pflanzen – „Freigestellte Blume“.

Makrofotografie

In der Makrofotografie heißt es, kleine Dinge ganz groß abzubilden. Egal, ob man ein Makroobjektiv hat oder die preisgünstigere Variante der Makrolinse/Nahlinse oder Zwischenringe wählt: Man entdeckt Dinge, die man noch nie zuvor gesehen hat. Am Strand können es kleine Muscheln und Schneckenhäuser sein, im Wald vielleicht Insekten oder kleine Baumpilze, die Sie in den Bann ziehen. Zu kämpfen hat allerdings jeder mit der Schärfentiefe, die rapide abnimmt, je größer der Abbildungsmaßstab ist. Im Workshopteil des Buches zeigen wir Ihnen daher auch, wie man die geringe Schärfentiefe ein bisschen überlisten kann, wenn alles scharf abgelichtet werden soll (siehe Workshop Makro – „Geringe Schärfentiefe überlisten“). Sie können aber die geringe Schärfentiefe ganz geschickt für Ihr Foto nutzen, um einmal farbige Blütenblätter so nahe abzubilden, dass sich die Formen auflösen und das Foto eher wie ein gemaltes Aquarell erscheint (siehe Workshop „Makro – Fast wie ein Aquarell“).

AUF AUGENHÖHE

In der Makrofotografie müssen Sie sich oft auf die Höhe Ihres Motivs begeben. Bei feuchten oder schmutzigen Untergründen kann es sinnvoll sein, eine Plastikfolie oder -tüte mit auf Fototour zu nehmen, auf die Sie sich knien können.

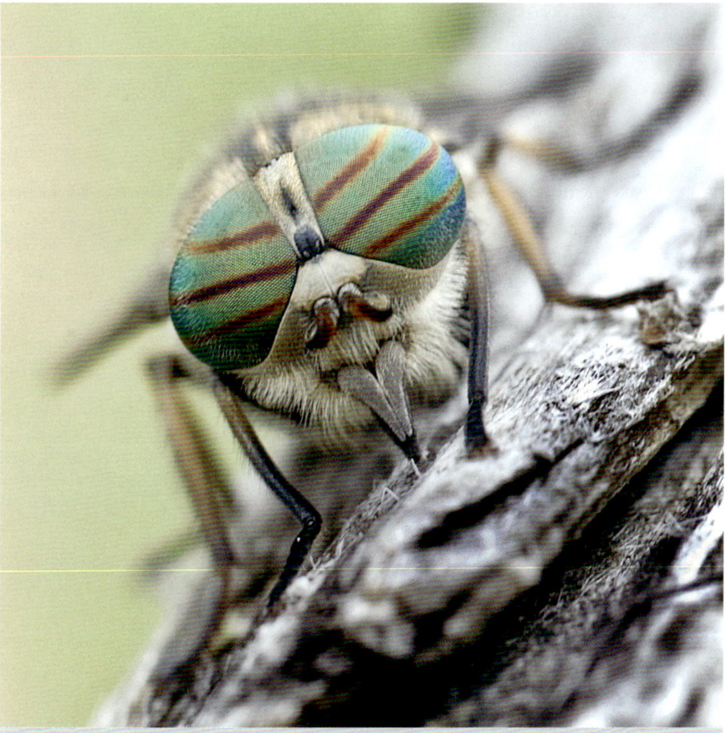

Nahaufnahme Insekt, siehe Makro-Workshop – „Schau mir in die Augen".

Tierfotografie

Es ist immer sehr spannend, wilde Tiere in freier Natur zu fotografieren. Naturschutzgebiete und Reservate bieten weltweit Gelegenheit dazu. Doch auch „unspektakuläre“ Tiermotive, wie z. B. ein aufgeregt umherlaufender Hahn oder eine kleine Eidechse am Wegesrand sind tolle Fotomotive.

Knackpunkt bei der Tierfotografie ist, dass Tierbewegungen und interessante Situationen oft nur wenige Sekunden dauern. Hier muss man beobachten und dranbleiben. Wenn Sie vielleicht einen fliegenden Vogel in seiner Bewegung erstarrt ablichten wollen, ist das Wichtigste eine kurze Belichtungszeit.

Was Sie aber auf jeden Fall neben kurzen Belichtungszeiten brauchen, ist Ruhe, Geduld und eine gute Beobachtungsgabe.

GEDULD IST GEFRAGT

Ein gelungenes Tierfoto fordert oft viel mehr Zeit als z. B. das Porträt eines Menschen. Planen Sie daher von vornherein Zeit ein, beobachten Sie das Tier aufmerksam, damit Sie im richtigen Moment auslösen können. Wenn sich Ihr Wunschmotiv partout nicht ergibt: Lassen Sie sich nicht entmutigen - versuchen Sie es einfach bei anderer Gelegenheit erneut.

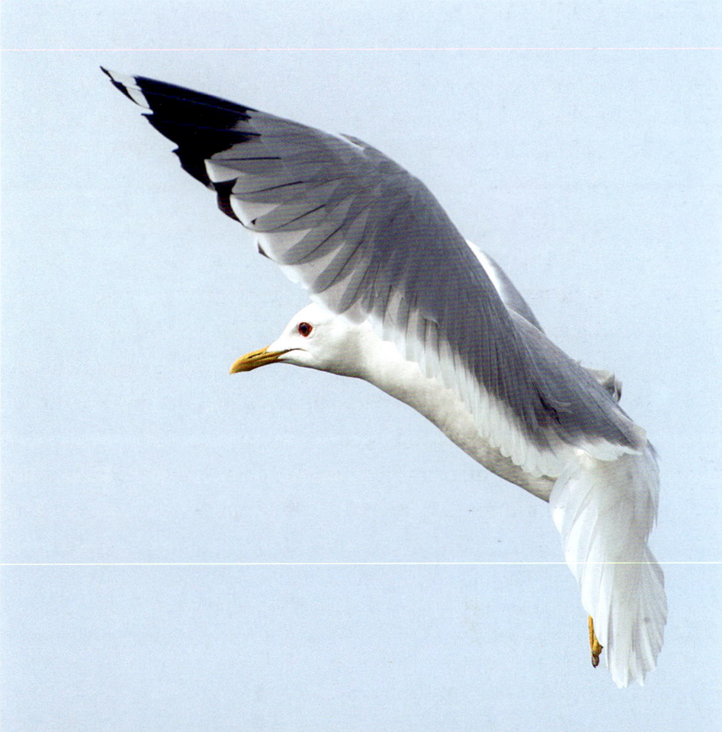

In der Bewegung „eingefrorene" Möwe, siehe Tiere-Workshop – „Bewegung einfrieren".

Fotografieren von Menschen

Dies ist sicher eines der interessantesten Themen auf Reisen, gerade in Ländern mit einem anderen kulturellen Hintergrund, wo Menschen und ihr Alltag völlig anders aussehen, als wir es von zu Hause gewohnt sind. Aber das Fotografieren von Menschen ist auch eines der sensibelsten Themen der Fotografie. Wenn Sie einzelne Personen fotografieren möchten, denken Sie bitte daran, zuerst zu fragen, ob sie damit auch einverstanden sind. Neben den rechtlichen Aspekten, z. B. dem Persönlichkeitsrecht, wonach Fotos von einer Person nicht ohne deren Einverständnis veröffentlicht werden dürfen (z. B. im Internet), spielt unserer Meinung nach der höfliche und respektvolle Umgang mit anderen Menschen die wichtigste Rolle. Deshalb bitte erst einmal fragen, bevor der Auslöser betätigt wird. Wenn Sie mit einer Reisegruppe unterwegs sind, taucht oftmals die Frage nach einem Gruppenfoto auf, damit man für später eine Erinnerung an die Reise und die Mitreisenden hat. Eine schöne Idee für ein Gruppenfoto ist, das gemeinsame und verbindende Thema – z. B. Radfahren, Fotografieren oder Ähnliches – mit ins Foto einzubeziehen. Der Workshop Menschen – „Gruppenbild mit Motto“ kann Ihnen vielleicht Anregungen dazu geben.

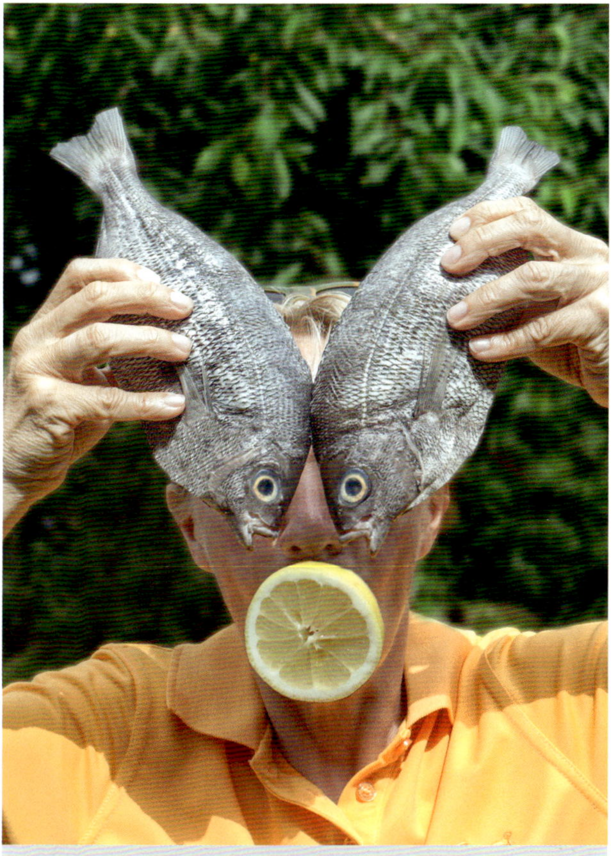

Porträt mal anders, siehe Workshop Menschen – „Porträt mit Fisch".

Nachtfotografie

Nachtfotografie, also das Fotografieren in der Dämmerung und bei Dunkelheit, hat seinen ganz eigenen Reiz. Gerade auf Reisen ist man immer wieder fasziniert, wie andersartig Städte bei Abend und bei Nacht wirken. Das schwindende Licht nach Sonnenuntergang und die von künstlichen Lichtern bestimmte Dunkelheit bescheren Bilder mit ganz individueller Ausstrahlung. Aber auch Mond und Feuerwerk üben einen geradezu magischen Reiz auf fast alle Fotografen aus. Um gute Nachtaufnahmen zu machen, müssen Sie einiges beachten. Das Wichtigste sind ein Stativ und ein niedriger ISO-Wert (siehe Kapitel „ISO und das Tauschgeschäft"). Sie sollten auch immer eine kleine Taschenlampe dabei haben, um die Bedienelemente Ihrer Kamera sicher zu finden und zu bedienen.

VIELFÄLTIGE REISEFOTOGRAFIE

Auf Reisen begegnen einem unendlich viele mögliche Motive aus verschiedenen Fachrichtungen der Fotografie. Das macht die Reisefotografie so spannend und abwechslungsreich, aber gleichzeitig auch so anspruchsvoll.

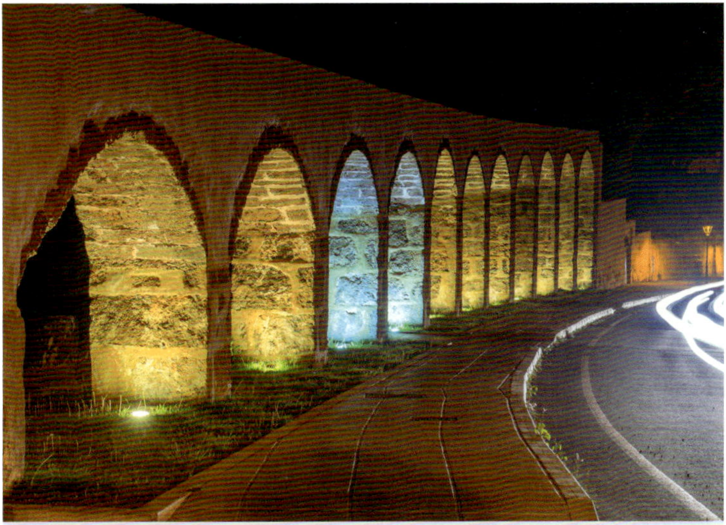

Stimmungsvolle Abendbeleuchtung, siehe Workshop „Blaue Stunde und Nacht – Blaue Stunde verzaubert".

Alle Fotos, die hier im Kapitel „Reisefotografie" abgebildet sind, werden übrigens im Workshopteil des Buches besprochen.

Viel Spaß beim Nachfotografieren!

LOS GEHT'S: VORBEREITUNG DER FOTOREISE

Planung

Fotografische Kenntnisse und Fähigkeiten sind nicht alles beim Fotografieren auf Reisen. Unabhängig vom persönlichen fotografischen Erfahrungsschatz sind eine gute Planung und die Auseinandersetzung mit dem, was man auf der Reise vielleicht fotografieren möchte, wichtig. Versuchen Sie möglichst vieles im Vorfeld zu recherchieren und planbar zu machen, damit Sie während der Reise den Kopf frei haben für das Entdecken der Motive und für ihre Darstellung. Zur Vorabrecherche stehen Ihnen Bücher, das Internet und Google Earth zur Verfügung. Neben wichtigen Informationen für die Fotoreise weckt dies auch die Neugierde und Freude auf das, was Sie voraussichtlich sehen werden. Zudem kann es klären helfen, welche Kameraausrüstung Sie auf die Reise mitnehmen sollten.

Reisezeit

Nach dem „Wohin“ sollten Sie das „Wann“, also die Reisezeit planen. Natürlich sind viele durch Schulferien oder auch Betriebsferien zeitlich festgelegt. Doch wer die Möglichkeit zu etwas freierer Planung und vielleicht auch Motive vor Augen hat, die nur zu bestimmten Zeiten fotografierbar sind, sollte seine Reisezeit danach wählen. Zeitlich festgelegte Motive könnten landestypische Feste, Laubfärbung oder auch Libellen sein, die in Deutschland nur im Sommer fliegen und den Rest des Jahres verborgen als Larven unter Wasser leben.

Tagesausflüge

Wenn Sie vorhaben, von Ihrem Reiseziel ausgehend Ausflüge in die nähere Umgebung zu machen, können diese ebenfalls schon vor Reisestart geplant werden. Für Ihre Tagesausflüge sollten Sie einen genügend großen Zeitpuffer einbauen, denn zusätzlich zum An- und Rückfahrtsweg sollten Sie auch Zeit haben, die Motive zu erkunden, die Stimmung aufzunehmen und Bildideen zu entwickeln. Auch muss man manchmal auf das geeignete Licht warten. Also planen Sie für Ihre Ausflüge immer einen ausreichenden Zeitpuffer mit ein, und legen Sie nicht zu viele Etappen auf einen einzigen Tag.

Pauschalreisen mit gebuchten Ausflügen

Hier haben Sie in der Regel nicht allzu viel Einfluss auf das verfügbare Zeitfenster. Dennoch kann man durch eine gute Vorrecherche vorbereitet sein, so z. B., wenn ein Besuch in einem Schmetterlings- oder Tropenhaus im Reisepaket mitgebucht worden ist, bei dem wahrscheinlich die Kameraoptik ohne entsprechende Vorbereitung einen Teil der Zeit beschlagen sein würde (siehe auch Kapitel „Nützliche Utensilien").

Kameraausrüstung

Das Problem, darüber zu entscheiden, welchen Teil seiner Kameraausrüstung man auf die Reise mitnehmen sollte, trifft nicht jeden, aber wer eine umfangreichere Fotoausrüstung besitzt, kennt es: Eigentlich möchte man für alle Fälle die gesamte Ausrüstung mitnehmen. Reist man mit dem Auto, lässt sich natürlich vieles unterbringen, doch bei Flugreisen sieht es anders aus, denn die Koffer und auch das Handgepäck sind im Gewicht begrenzt. Auf der anderen Seite gibt es aber ein Minimum an Equipment, das dabei sein sollte. Damit sind nicht unbedingt bestimmte Objektive gemeint, sondern eher das Kamerazubehör. Im Folgenden geben wir Ihnen eine Checkliste, was Sie sinnvollerweise mitnehmen sollten.

CHECKLISTE: KAMERAAUSRÜSTUNG

- Fotoapparat
- Objektive (gerne 1 – 2 Zoomobjektive)
- Akku (plus Ersatzakku)
- Ladegerät für die Akkus
- Stativ (Schnellspannkupplung nicht vergessen)
- kleines, leichtes Stativ (z. B. Gorillapod)
- Rucksack (groß genug für Essen, Trinken und Zubehör)
- Filter (Polfilter, Graufilter, Grauverlaufsfilter)
- Streulichtblende
- Fernbedienung zum Auslösen der Kamera (Funk, Kabel oder Infrarot)
- Regenschutzhülle für die Kamera
- Speicherkarten (vor Reiseantritt ausprobieren!)
- Externer Speicher
- Bedienungsanleitung für Ihre Kamera
- ggf. Kameraversicherung

Ausrüstungs-Check

Bevor Sie auf Reisen gehen, denken Sie bitte an den Ausrüstungs-Check, also daran, Ihre Kameraausrüstung noch einmal genau auf ihre Funktionsfähigkeit zu testen. Nichts ist ärgerlicher, als wenn man erst auf der Reise feststellen muss, dass das Ladegerät für die Akkus kaputt ist, man kein zweites dabei hat und sich vor Ort keines kaufen kann. Wir haben immer wieder in unseren Seminaren festgestellt, dass selbst unter zehn Personen mit Fotoapparaten nicht unbedingt einer dabei ist, dessen Ladegerät mit den eigenen Akkus kompatibel ist. Also besser vorher noch einmal testen, ob Kamera, Objektive und Zusatzgeräte einwandfrei funktionieren.

Nützliche Utensilien

Im Folgenden möchten wir Ihnen noch einige nützliche Utensilien für die Reisefotografie vorstellen, die fast nichts wiegen, wenig kosten und überall noch Platz finden.

Eine Plastiktüte als Alternativ-Stativ

Möchten Sie z. B. am Strand Muscheln in „Augenhöhe“ fotografieren, also im Sand liegende Muscheln nicht von oben, sondern „Aug’ in Aug’“, können Sie eine Plastiktüte halb mit Sand füllen und leicht verknoten. Ihre Kamera lässt sich nun gut in alle Richtungen auf der mit Sand gefüllten Plastiktüte positionieren. Benutzen Sie bei den Aufnahmen den Selbstauslöser. Wenn Sie fertig sind, schütten Sie den Sand aus der Tüte an den Strand zurück und verstauen die Plastiktüte wieder im Rucksack.

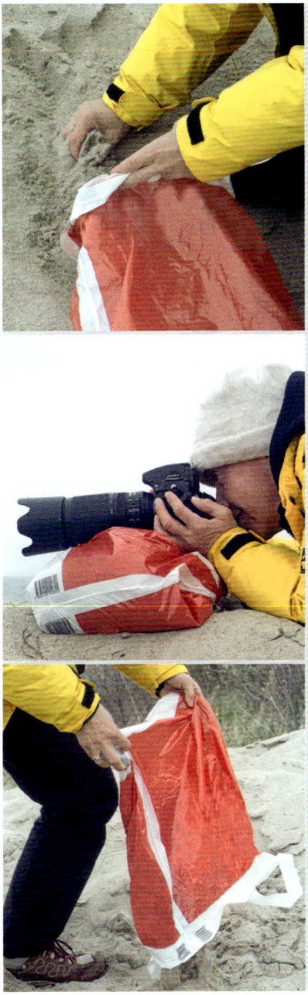

Alternatives Stativ am Strand.

Ein Stück Schnur als Alternativ-Stativ

Nicht immer hat man auf Reisen, insbesondere auf Flugreisen, ein normal hohes Stativ dabei. Als Alternative bietet sich ein Schnur-Stativ an. Sie befestigen an der Unterseite Ihrer Kamera, z. B. an der Schnellwechselplatte (siehe Foto) eine ca. 2 m lange Schnur. Sie haben Ihren Kameragurt mit der Kamera um den Hals hängen. Nun stecken Sie Ihren linken Arm durch den Kameragurt, sodass die Kamera sehr eng am Körper sitzt. Jetzt treten Sie mit dem Fuß auf das lose Ende der Schnur und ziehen die Kamera nach oben auf Augenhöhe, sodass die Schnur möglichst straff gespannt ist. Zugleich drücken Sie die Kamera leicht nach vorne. So erreichen Sie eine stabilere Kamerahaltung. Benutzen Sie bei der Aufnahme den Selbstauslöser.

Sollten Sie einmal Ihre Schnur verloren haben, können Sie auch vor Ort feststehende Gegenstände, wie Mauern, Bäume oder Hauswände gut als Alternativ-Stativ verwenden. Sie drücken dazu die Kamera fest an den Baum oder die Hauswand (siehe Workshop Wald „Eine etwas andere Perspektive“) und lösen mit dem Selbstauslöser aus.

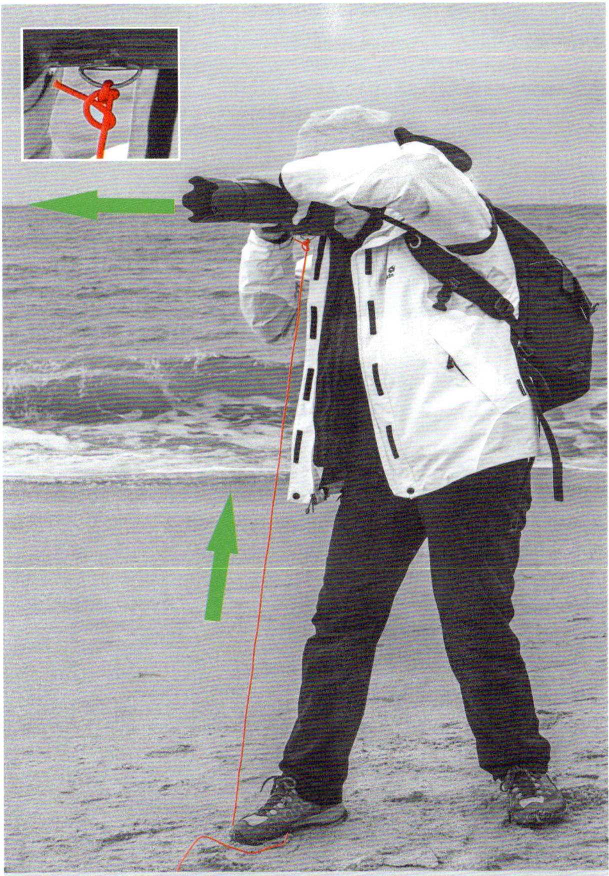

Stabile Kamerahaltung beim Schnur-Stativ.

Regen- und Sandschutzhüllen für Ihre Kamera und Objektive

Bei leichtem Regen und auch am Strand ist Ihre Kameraausrüstung besser geschützt, wenn Sie eine Regenschutzhülle aus dem Fotobedarf darüberziehen. Wer weiß schon so genau, wie viel Nieselregen die spritzwassergeschützten Kameragehäuse und Objektive vertragen? Oder, ob am Strand, bei stärkerem Wind nicht doch Sandkörnchen in die Kamera eindringen können. Mit einer Schutzhülle werden Sie auf jeden Fall bei Regen und Flugsand entspannter fotografieren.

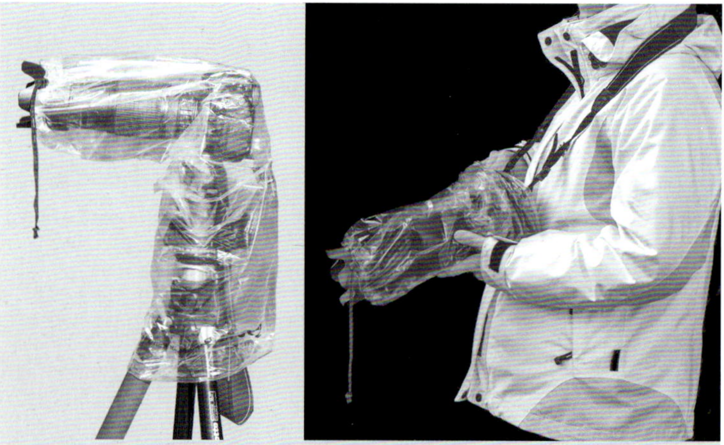

Kameraschutzhüllen gegen Regen und Sand.

Sonnenbrille als Graufilter-Ersatz

Möchten Sie z. B. fließendes Wasser „milchig" fotografieren, benötigen Sie eine möglichst lange Belichtungszeit. Diese kann man gut erreichen, indem man einen Graufilter vor das Objektiv setzt (siehe Workshop „Bach und Fluss – Wasser zum Fließen bringen"). Haben Sie keinen Graufilter zur Hand, können Sie als „Lichtschlucker" auch einen Polfilter oder eine dunkle Sonnenbrille während der Aufnahme vor das Objektiv halten. Und schon verlängert sich Ihre Belichtungszeit, wenn Sie mit Av/A fotografieren (siehe Kapitel „Belichten mit dem Belichtungsprogramm Av/A").

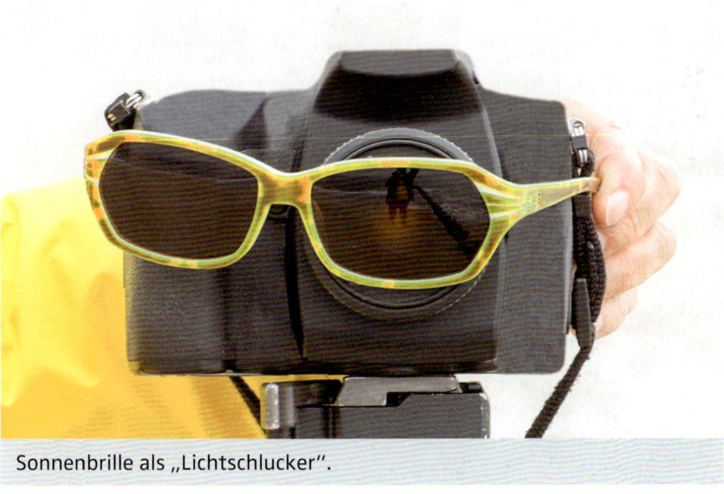

Sonnenbrille als „Lichtschlucker".

Chipstüte als Aufheller

Wenn die Sonne stark scheint, sind oftmals die Schattenpartien im Motiv sehr dunkel. Den starken Kontrast zwischen hellen und dunklen Partien im Motiv nehmen wir mit unseren Augen oftmals gar nicht so extrem wahr. Die meisten Kameras haben aber Probleme mit hohem Hell-Dunkel-Kontrast und können diesen nur schwer bewältigen. Die Schattenpartien sind dann auf dem Bild sehr dunkel, oft ist nur sehr wenig darin zu erkennen.

Wenn Sie auf Ihrer Reise keine professionellen Aufheller aus dem Fotobedarf dabei haben, können Sie, um die Schattenpartien aufzuhellen, ebenso gut ein weißes DIN-A4-Papier, ein weißes T-Shirt, Alufolie, einen weißen Teller, eine weiße Serviette, einen Kosmetikspiegel oder eben die silberne Innenseite einer Chipstüte benutzen. Auch eine Rettungsdecke, wie man sie im Auto mitführt, erfüllt diesen Zweck.

Einige von diesen Dingen hat man vielleicht so oder so bereits mit in den Koffer gepackt, wie einen kleinen Spiegel oder ein weißes T-Shirt. Anderes kann man sicher am Urlaubsort direkt kaufen, wie z.B. die Chipstüte. Auf jeden Fall sollten Sie für Lichtsituationen mit hohem Hell-Dunkel-Kontrast immer etwas im Fotorucksack mit dabei haben.

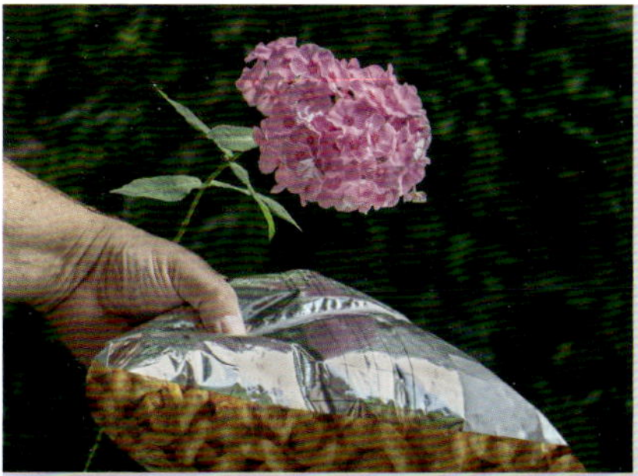

Making-of – mit Chipstüte dunkle Partien aufhellen.

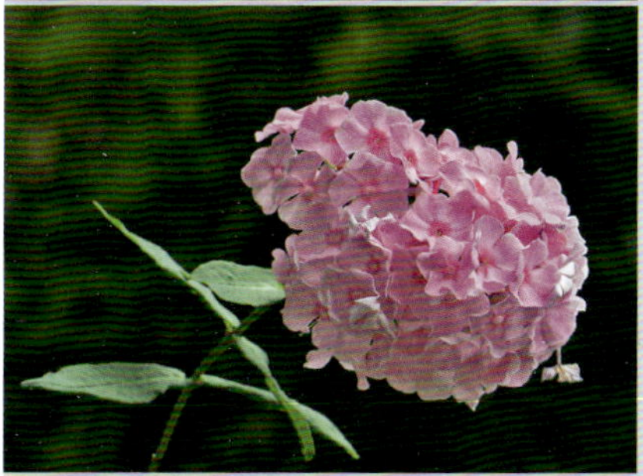

Aufhellung mittels Chipstüte.

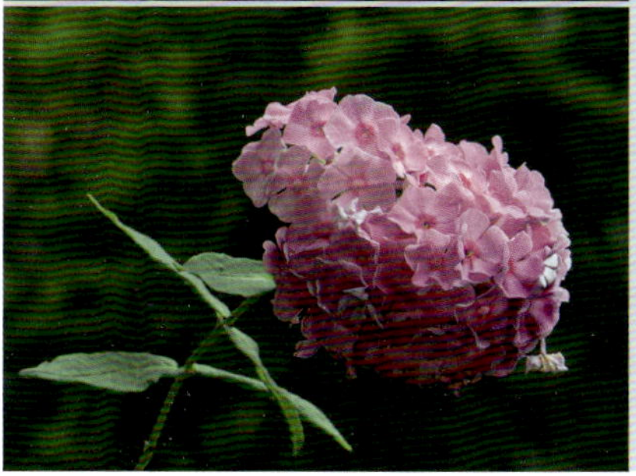

Ohne Aufhellung.

Handtuch oder Wärmeknickkissen zum Vorwärmen

Möchten Sie nach einem Spaziergang bei kühlen Außentemperaturen kurz danach im sehr warmen Innenraum (z.B. Tropenhaus, Schmetterlingshaus) fotografieren, achten Sie darauf, dass Sie Kamera und Objektive schon vorher warmhalten, beispielsweise mit einem Handtuch und/oder mit einem Wärmeknickkissen. Dadurch vermeiden Sie, dass Ihre Kamera und die Objektive im warmen Innenraum längere Zeit durch den Temperaturwechsel beschlagen bleiben. Nehmen Sie aber bitte keine Wärmflasche zum Anwärmen der Kamera, denn die könnte auslaufen!

MIT DER KAMERA PER DU

Jeder, der auf Reisen fotografiert, weiß, wie schnell man manchmal reagieren muss, um eine bestimmte Situation einzufangen. Deshalb sollten Sie Ihre Kamera halbwegs kennen und bedienen können.

Es ist sinnvoll, sich bereits zu Hause mit der Bedienung der Kamera auseinanderzusetzen. Auch wenn Sie sich sicher fühlen, sollten Sie ruhig die Bedienungsanleitung mitnehmen. Moderne digitale Kameras sind heutzutage Kleincomputer mit mehreren Hundert Funktionen. Einstellungen, die man nur selten anwendet, werden schnell vergessen, insbesondere dann, wenn Sie die Kamera erst neu gekauft und noch nicht allzu viel mit ihr fotografiert haben. Also auf jeden Fall bereits zu Hause etwas experimentieren und ausprobieren. Das Gleiche gilt auch für fototechnische Aspekte. Wenn Sie z. B. wissen, was Sie tun müssen, damit ein sich bewegendes Motiv scharf abgebildet wird, oder was ein Öffnen oder Schließen der Blende zur Folge hat, sind Sie gut vorbereitet.

Im Folgenden möchten wir Sie in Vorbereitung auf Ihre Reise fit machen für die wichtigsten fototechnischen Aspekte und einige wichtige Funktionen Ihrer Kamera.

Kamerasucher auf das Auge einstellen

Auch wenn Sie nicht manuell fokussieren wollen, raten wir dazu, den Sucher der Kamera auf Ihr Auge, mit dem Sie durchschauen, einzustellen. Zum einen stellt dies sicher – sollten Sie doch einmal manuell fokussieren müssen – dass das Bild genau da auftrifft, wo es auftreffen soll, nämlich direkt auf der Sensorebene und nicht davor oder dahinter. Sonst wäre Ihr Foto immer leicht unscharf. Beim Fokussieren mit dem Autofokus passiert so etwas normalerweise nicht, da die Objektive genau auf die Kamera justiert sind.

Aber es gibt noch einen weiteren Grund, den Sucher auf das durchschauende Auge einzustellen: Damit können Sie im Sucher die Anzeige, also die Leiste, auf der die wichtigsten aktuellen Kamerawerte wie Blende und Zeit angegeben sind, scharf sehen und gut ablesen. Diese Werte sind für Ihre Einschätzungen wichtig, z. B. ob die Verschlusszeit, die Ihnen die Kamera bei der Blendenvorwahl vorschlägt, auch ausreicht, um verwacklungsfrei aus der Hand, ohne Stativ fotografieren zu können.

Um den Sucher auf Ihr Auge einzustellen, schalten Sie die Kamera ein, nehmen den Deckel vom Objektiv und schauen durch den Sucher auf einen hellen, neutralen Hintergrund, z. B. in den Himmel. Im Zentrum des Sucherfeldes sehen Sie viereckige Felder – die Autofokusmessfelder.

Ihre Anzahl ist bei den verschiedenen Kameras unterschiedlich. Sie sehen die Felder mehr oder weniger scharf. Wenn der Sucher gut auf Ihr Auge eingestellt ist, sehen Sie sie scharf. Dann können Sie alles lassen, wie es ist. Sehen Sie sie unscharf, drehen Sie an dem kleinen Rädchen bzw. bewegen Sie den kleinen Schieber direkt neben Ihrem Sucher für die sogenannte Dioptrieneinstellung, bis die Autofokusmessfelder für Sie scharf zu sehen sind.

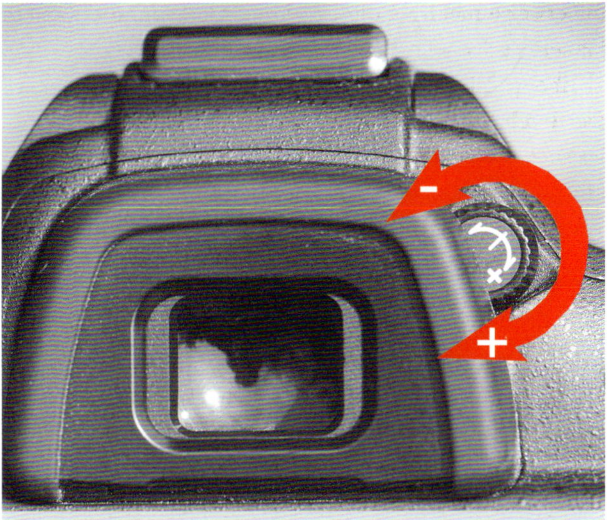

Sucher auf das Auge einstellen.

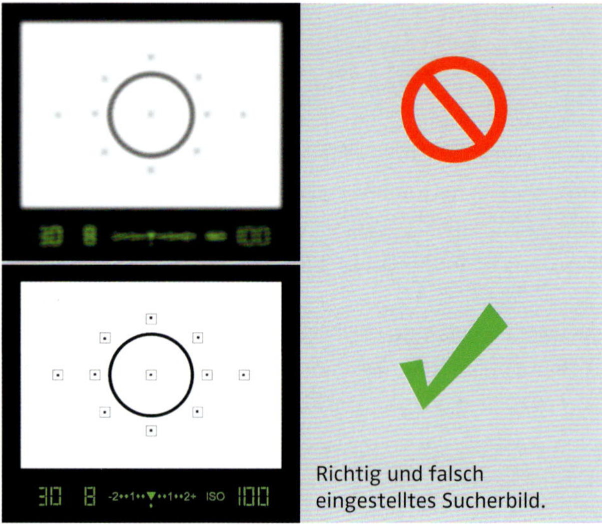

Richtig und falsch eingestelltes Sucherbild.

WICHTIG: SUCHER UND AUGE MÜSSEN ZUSAMMENPASSEN

Um den Kamerasucher auf Ihr Auge einzustellen, drehen Sie am kleinen Rädchen oder Schieber für die Dioptrieneinstellung direkt neben dem Sucher am Kameragehäuse, nicht am Fokusring des Objektivs! Prüfen Sie öfter mal auf die beschriebene Weise, ob Ihr Kamerasucher noch gut auf Ihr Auge eingestellt ist, denn die Sehschärfe verändert sich mit der Zeit.

Blende

Die Blende ist das „Loch“, durch das Licht auf den Sensor fällt. Die Größe dieses „Blendenlochs“ können Sie selbst wählen, wenn Sie das Belichtungsprogramm Av (Canon) bzw. A (Nikon) eingestellt haben (siehe auch Kapitel „Belichten mit dem Belichtungsprogramm Av/A“). Die Blende wird üblicherweise mit „*f*“ und einer Zahl bezeichnet. Wenn Sie die Blende selbst einstellen, haben Sie mehr Einfluss auf die Gestaltung Ihres Bildes. Aber Vorsicht: Wenn das Blendenloch weit geschlossen ist (große Blendenzahl, z. B. *f*22), dauert es länger als bei einer weit geöffneten Blende (kleine Blendenzahl, z. B. *f*5,6), bis genügend Licht auf den Sensor trifft und das Bild richtig belichtet ist. Hier besteht die Gefahr, das Bild zu „verwackeln“, wenn frei aus der Hand fotografiert wird. Oder das Motiv bewegt sich während der langen Belichtungszeit und wird deshalb unscharf abgebildet.

Um Ihnen dies stärker zu verdeutlichen, greifen wir auf ein Beispiel aus einem ganz anderen Bereich zurück. Sie stehen im Garten und haben zwei große Fässer mit dem gleichen Fassungsvermögen, es passt also in beide Fässer gleich viel hinein. Nun möchten Sie beide Fässer mit Wasser füllen. Zum Befüllen nehmen Sie für das eine Fass einen Gartenschlauch (kleiner Durchmesser) und für das andere einen Feuerwehrschlauch (großer Durchmesser).

Es ist klar, dass mit einem Feuerwehrschlauch das Fass schneller voll ist als mit einem Gartenschlauch.

Auf unsere Kamera bezogen ist der enge Gartenschlauch die weit geschlossene Blende (große Blendenzahl) und der Feuerwehrschlauch die weit geöffnete Blende (kleine Blendenzahl). Bei der weit geschlossenen Blende mit beispielsweise Blendenzahl *f*22 (Gartenschlauch) dauert es länger, bis dieselbe Lichtmenge auf dem Sensor eingetroffen ist, als bei einer weit geöffneten Blende (Feuerwehrschlauch) mit Blendenzahl z. B. *f*5,6. Sie kommen also mit kleinen Blendenzahlen (weit geöffnete Blende) auf viel kürzere Belichtungszeiten als bei hohen Blendenzahlen (weit geschlossene Blende), unveränderte ISO-Zahl und gleichbleibende Lichtverhältnisse vorausgesetzt. Kürzere Belichtungszeiten wiederum erhöhen die Wahrscheinlichkeit, dass Ihr Bild verwacklungsfrei und scharf wird.

WICHTIG:
DAS GEHÖRT ZUSAMMEN

- Kleine Blendenzahl und weit geöffnete Blende (großes Loch)
- Große Blendenzahl und weit geschlossene Blende (kleines Loch)

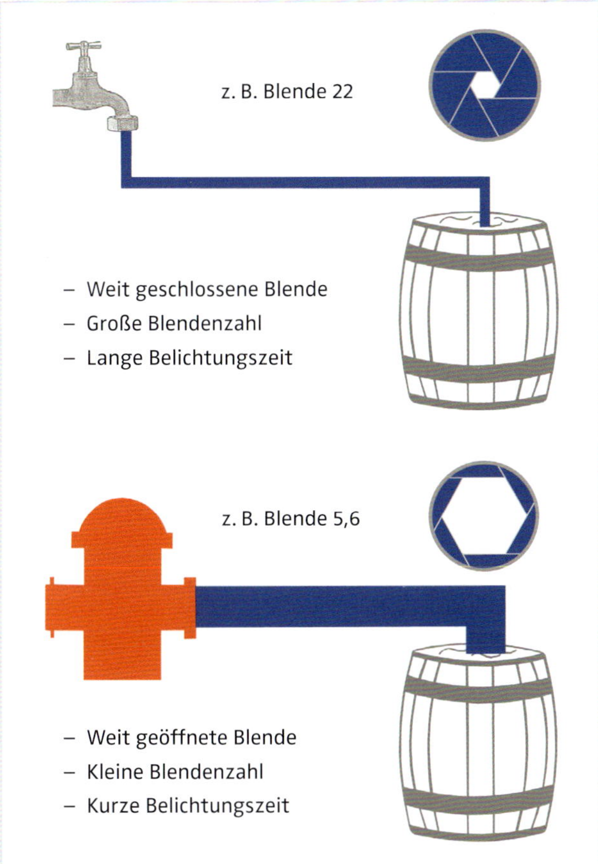

So wirkt die Wahl der Blende auf die Belichtungszeit.

Vielleicht wundern Sie sich jetzt, dass wir immer, wenn wir von einer weit geöffneten Blende reden, damit eine kleine Blendenzahl verbinden und umgekehrt, wenn wir von einer großen Blendenzahl reden, die Blendenöffnung klein ist. Das klingt erst einmal unlogisch! Es erklärt sich aber dadurch, dass die korrekte Blendenzahl ein Bruch ist, also nicht einfach nur *f*4, sondern *f*1/4 und nicht einfach *f*22, sondern *f*1/22. Und da der Zahlenwert 1/4 nun einmal größer ist, als der Zahlenwert 1/22, löst sich das Rätsel und erklärt, warum die Blendenöffnung bei 4 viel größer ist als bei 22. Es hat sich umgangssprachlich so entwickelt, dass man lieber nur die Zahl unter dem Bruchstrich als Blende nennt und nicht den ganzen Bruch. Das ist zwar für Neueinsteiger zunächst undurchsichtig und scheinbar unlogisch, aber im Alltag einfacher zu handhaben.

Wie Sie gleich noch sehen werden, ist die Blende auch noch zuständig für die im Bild mögliche Schärfentiefe.

WICHTIG: KLEINE NUMMER – GROSSER BLENDER

Um schon mal jetzt die Konsequenzen für die Schärfentiefe, die sich aus der Blende ergeben, vorwegzunehmen, einen etwas frechen aber einprägsamen Merksatz: Kleine Nummer (= kleine Blendenzahl), großer Blender (= weit geöffnete Blende) – nichts dahinter (= wenig Schärfentiefe).

Schärfentiefe im Bild

Die Schärfentiefe ist das Ausmaß des Bereichs, der im Foto scharf wird. Bei geringer Schärfentiefe hat man einen kleinen Schärfenbereich im Bild, bei viel Schärfentiefe ist der Bereich größer. Das Ausmaß der Schärfentiefe wird durch die eingestellte Blende und durch den Abbildungsmaßstab festgelegt. Auf den beiden folgenden Fotos können Sie vergleichen, wie verschieden der Schärfentiefenbereich bei geöffneter und bei geschlossener Blende ist und wie sich dadurch die Bildwirkung verändert.

WICHTIG: DIE SCHÄRFENTIEFE IST UMSO GRÖSSER

- je geschlossener die Blendenöffnung (also je größer die Blendenzahl),
- je größer der Abstand zwischen Kamera und Motiv,
- je kleiner der Abbildungsmaßstab (z. B. bei Makroaufnahmen mit einem großen Abbildungsmaßstab, z. B. 1:1, ist der Schärfenbereich sehr klein).

Die Schärfentiefe dehnt sich nach vorne und nach hinten aus, und zwar in den Ebenen, die parallel zur Kamerarückwand vor dem Fotografen liegen, ausgehend von der Ebene, auf die fokussiert wurde. Bei der Landschaftsfotografie verläuft die Ausdehnung im Verhältnis ein Drittel

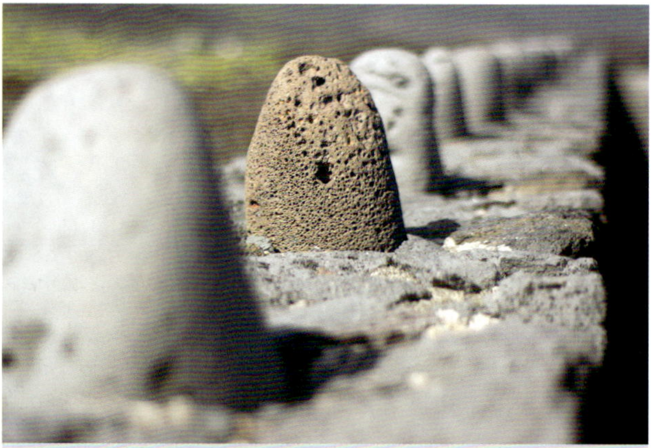

Schärfentiefe bei offener Blende.

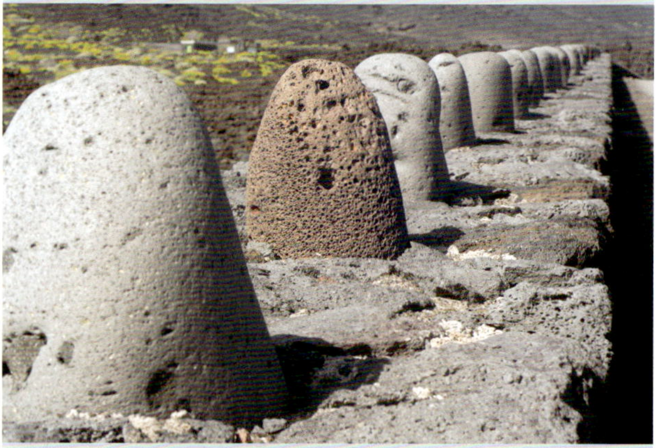

Schärfentiefe bei geschlossener Blende.

zu zwei Drittel. Bei Aufnahmen im Nahbereich dehnt sich die Schärfe ausgehend vom fokussierten Bereich gleichermaßen nach vorne und nach hinten aus.

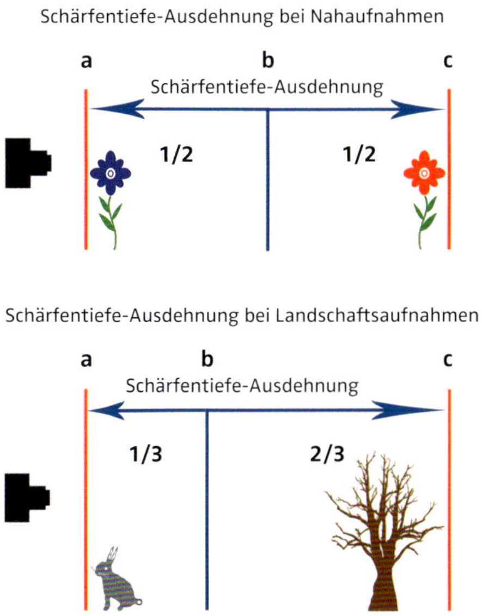

a = Vorderste Schärfe-Ebene
b = Scharfstell-Ebene
c = Hinterste Schärfe-Ebene

Bei Nahaufnahmen dehnt sich die Schärfentiefe ausgehend von der Ebene, auf die Sie scharf stellen (Ebene b) zu gleichen Teilen nach hinten und nach vorne aus.

Bei Landschaftsaufnahmen dehnt sich die Schärfentiefe ausgehend von der Ebene, auf die Sie scharf stellen (Ebene b) zu 2/3 nach hinten und zu 1/3 nach vorne aus.

Die Ausdehnung der Schärfentiefe bei Nah- und bei Landschaftsaufnahmen.

Dies hat Konsequenzen dafür, wohin Sie die Schärfe legen, wenn bestimmte Elemente in Ihrem Bild scharf abgelichtet werden sollen. Als Faustregel gilt z. B. in der Landschaftsfotografie, dass man den Schärfenpunkt mit dem Autofokus ins vordere Drittel des Bildes legen muss, wenn man eine von vorne bis hinten durchgehende Schärfe im Bild haben möchte (siehe Workshop „Landschaft – Schärfe von vorne bis hinten“).

Noch etwas zum Thema „Schärfe“: Die beste Schärfe hat ein Objektiv, wenn man 2 – 3 ganze Blendenstufen von der Anfangsblende des Objektivs abblendet, also weiter schließt. Damit ist jetzt nicht die Schärfentiefe gemeint, bitte verwechseln Sie das nicht, sondern die Schärfenqualität des Objektivs. Wenn also Ihr Objektiv seine größte Blendenöffnung (kleinste Zahl) bei *f*2,8 hat, liegt die beste Schärfenqualität des Objektivs bei Blende *f*5,6 oder *f*8. Startet Ihr Objektiv bei *f*5,6, dann hat es seine beste Schärfe bei Blende *f*11 oder *f*16.

GANZE BLENDENSTUFEN

f1,4	f2	f2,8	f4	f5,6	f8
f11	f16	f22	f32		

Belichtungszeit

Eine weitere wichtige Größe beim Fotografieren ist die Belichtungszeit. Das ist die Zeitspanne, in der nach dem Auslösen der Kameraverschluss geöffnet bleibt, in der also Licht auf den Sensor fällt. Die Belichtungszeit kann man selbst einstellen (Tv bei Canon, S bei Nikon und bei M = manuell) oder durch die Kameraautomatik einstellen lassen (siehe Kapitel „Belichten mit dem Belichtungsprogramm A /Av“).

Bei kurzen Belichtungszeiten (z. B. 1/500 s) können Sie gut aus der Hand fotografieren, bei längeren Belichtungszeiten (z. B. 1/10 s) brauchen Sie ein Stativ, da Sie sonst das Bild „verwackeln“ (siehe Kapitel „Frei Hand fotografieren, Bildstabilisator und Stativ“).

Sicher hat jeder schon einmal gehört, dass man beim Fotografieren von Tieren in Bewegung eine kurze Belichtungszeit einstellen muss. Doch gerade wenn man noch nicht allzu viel Fotoerfahrung hat, raten wir dazu, nicht die Belichtungszeit mittels Tv/S selbst einzustellen, sondern die Blende über Av oder A zu regeln. Egal welche Blende Sie einstellen, die Kamera gibt Ihnen beim Programm der Blendenvorwahl immer die am kürzesten mögliche Zeit und nicht die Zeit, die Sie sich vielleicht wünschen.

Das heißt, wenn Sie die kleinste Blendenzahl einstellen (z. B. *f* 5,6), gibt Ihnen die Kamera automatisch die überhaupt kürzest mögliche Zeit für die aktuell gewählte Kameraeinstellung und für diese Lichtsituation. So wird Ihr Bild auf jeden Fall richtig belichtet. Sie müssen nur abschätzen, ob Sie die Kamera noch frei halten können, ob Sie ein Stativ nehmen müssen oder ob die Zeit, die Ihnen die Kamera zur Verfügung stellt, zu lang ist, z. B. für ein Tier, dass sich bewegt.

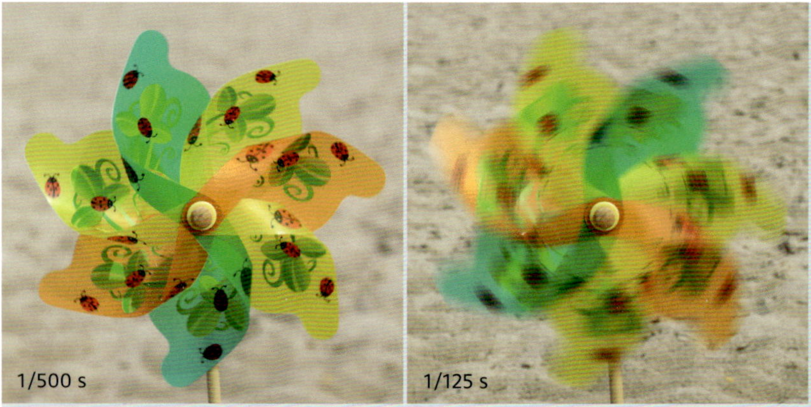

Kurze und lange Belichtungszeiten lassen sich bildgestalterisch einsetzen.

Für die Bildwirkung ist es sehr wichtig, zu wissen, dass kurze Belichtungszeiten Bewegungen erstarren lassen, also „einfrieren“ und längere Belichtungszeiten die Bewegung verwischen. Dies lässt sich auch bildgestalterisch nutzen.

Zu kurzen und langen Belichtungszeiten bekommen Sie auch Anregungen im Workshopteil (z. B. Workshop „Am Meer – Wellen einfrieren“, Workshop „Tiere – Bewegung einfrieren“, Workshop „Bach und Fluss – Wasser zum Fließen bringen“).

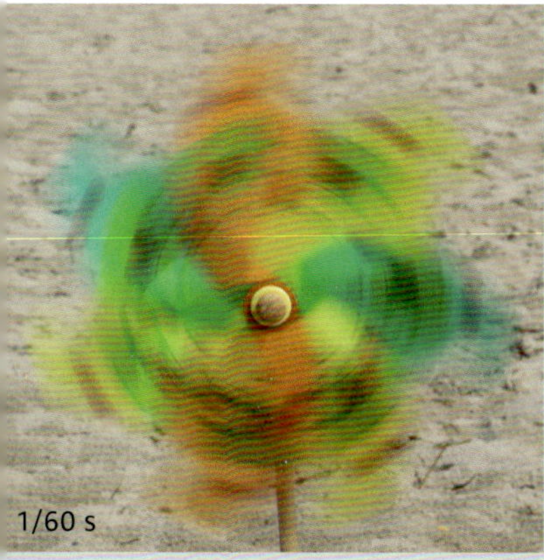
1/60 s

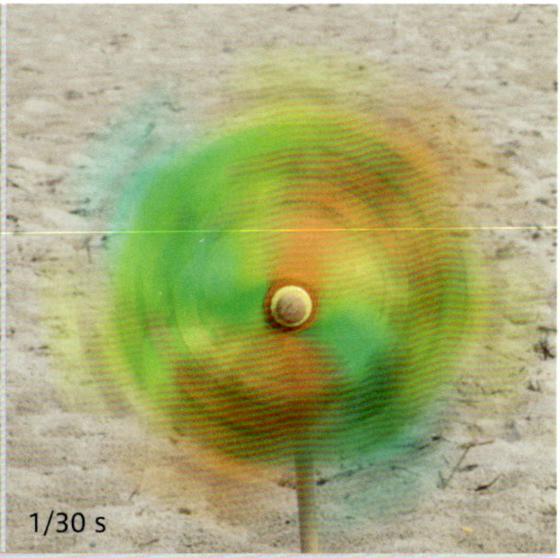
1/30 s

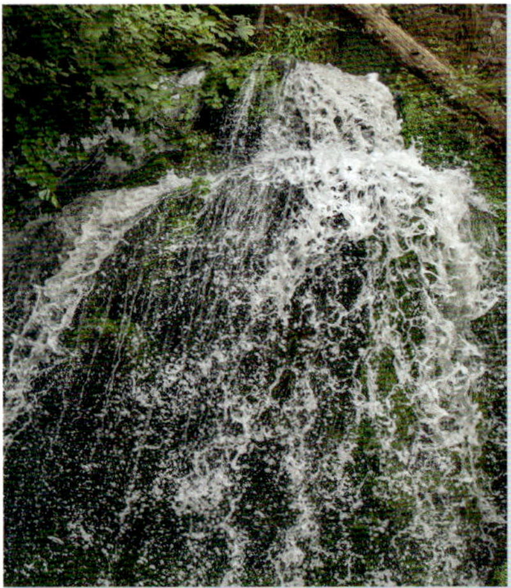

Wasserfall „eingefroren" bei 1/1000 s Belichtungszeit.

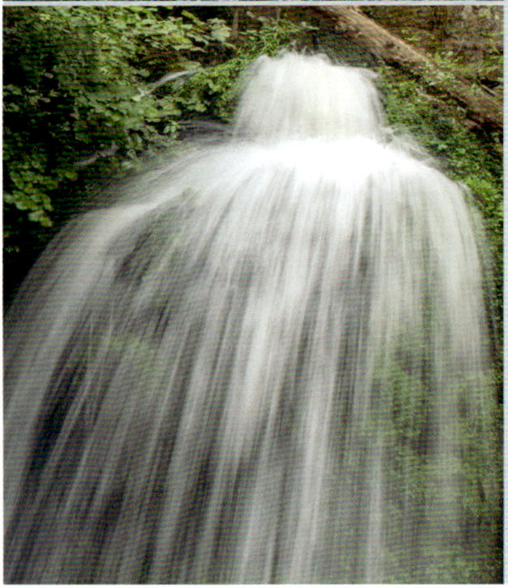

Wasserfall „fließend" bei 1/2 s Belichtungszeit.

Frei Hand fotografieren, Bildstabilisator und Stativ

Hier erfahren Sie noch etwas zum Thema lange und kurze Belichtungszeiten. Nämlich zur Frage, ab wann man besser nicht mehr frei Hand, sondern besser vom Stativ aus fotografieren sollte, damit die Bilder frei von Verwackelungen sind.

Vielleicht haben Sie schon einmal von der Grundregel gehört, wonach sich die noch frei Hand haltbare Belichtungszeit aus der Formel „1/Brennweite“ ergibt. Wenn Sie also ein Objektiv von 200 mm Brennweite besitzen, könnten Sie gemäß dieser Grundregel mit einer Zeit von 1/200 s noch frei aus der Hand fotografieren, ohne zu verwackeln. Bitte betrachten Sie die Werte, die sich aus der Regel ergeben, als Minimumwerte. Das heißt, die Zeiten sollten besser noch um einiges kürzer sein. Insbesondere auf Reisen, wenn Sie schon den ganzen Tag unterwegs waren, vielleicht sogar längere Strecken gewandert sind, werden Sie merken, dass Sie die Kamera nachmittags oder abends nicht mehr so ruhig halten können, wie am Morgen, wenn Sie noch frisch und ausgeruht sind.

Zusätzlich zu einer kurzen Belichtungszeit kann man natürlich, sofern vorhanden, den Bildstabilisator am Objektiv (z. B. bei Nikon oder Canon) oder an der Kamera selbst (z. B. bei Sony) einschalten. Bei eingeschaltetem

Bildstabilisator könnten Sie dann mit dem oben genannten 200-mm-Objektiv auch noch mindestens bei einer Zeit von 1/50 s verwacklungsfrei fotografieren. Der Bildstabilisator gleicht, vereinfacht ausgedrückt, Ihre Bewegungen aus und lässt das Bild im Sucher still erscheinen, obwohl man eigentlich leicht wackelt. Aber beachten Sie bitte, dass der Stabilisator nur Ihre Bewegungen mit der Kamera abfangen kann, nicht die des bewegten Motivs.

Genauso ist es auch beim Arbeiten mit dem Stativ. Das Stativ gleicht nur die Bewegung der Kamera aus, nicht die des Motivs. Wenn Sie nun auf Ihrer Reise viel wandern und Ihnen ein Stativ zu schwer zum Tragen ist, können Sie sich in vielen Situationen mit dem „Schnur-Stativ“ weiterhelfen (siehe Kapitel „Nützliche Utensilien“), oder Sie stellen an Ihrer Kamera einen höheren ISO-Wert ein.

Aufnahmen bei Nacht erfordern für scharfe Bilder unbedingt ein Dreibeinstativ, da Sie hier recht lange Belichtungszeiten haben und dies nicht über den ISO-Wert kompensieren sollten. Sie müssten bei Nacht nämlich ohnehin schon mit extrem hohen ISO-Werten arbeiten, um die Kamera noch halten zu können. Gerade bei sehr hohen ISO-Werten macht sich aber ein starkes Bildrauschen in den dunklen Anteilen des Bildes bemerkbar (siehe Kapitel „ISO und das Tauschgeschäft“). Wichtig ist, dass Sie immer Ihren Bildstabilisator ausschalten, wenn Sie vom Stativ aus fotografieren. Anderenfalls kann es auch dabei zu Unschärfen kommen.

WICHTIG: DER EINSATZ EINES STATIVS IST SINNVOLL

- bei langen Belichtungszeiten, da sonst die Aufnahme frei Hand verwackeln würde,
- bei Aufnahmen im Makrobereich, wo die Schärfentiefe gering ist und oftmals millimetergenau gelegt werden muss (z. B. im Schmetterlingshaus),
- wenn man auf den richtigen Moment zum Auslösen der Kamera länger warten muss (z. B. Gähnen eines Löwen).

ISO und das „Tauschgeschäft“

Der ISO-Wert ist die jeweils eingestellte Lichtempfindlichkeit des Sensors. Den ISO-Wert sollten Sie an Ihrer Kamera immer selbst festlegen. Je höher der eingestellte ISO-Wert, desto kürzer ist die Belichtungszeit. Anders ausgedrückt: Sie können bei wenig Licht (z. B. im Wald) noch frei aus der Hand fotografieren, wenn Sie den ISO-Wert z. B. von 200 auf 800 stellen. Es ist, als würde einem die ISO Licht schenken. Doch Vorsicht, denn je höher der eingestellte ISO-Wert ist, desto eher kann es zum sogenannten „Rauschen“ im Bild kommen. Das heißt, beim Farbrauschen können rote, grüne oder blaue Punkte auftreten. Es ist also kein Geschenk, sondern eher ein Tauschgeschäft bei dem Sie von der ISO scheinbar „mehr Licht“ gegen geringere Qualität tauschen.

Doch keine Angst: Wenn Sie die ISO mal von dem gewohnten Wert 200 auf 400 oder 800 hochdrehen, macht sich noch nicht allzu viel vom Rauschen bemerkbar. Dies passiert eher bei den ganz hohen Werten, und dann überwiegend in den dunklen Bildpartien. Abgesehen davon sind die meisten Kameras der neueren Generationen in Bezug auf das Rauschen nicht mehr ganz so empfindlich wie ältere Modelle.

Letztendlich kommt es ja auch immer darauf an, wofür man die Fotos braucht, um zu entscheiden, ob man mit ein wenig Rauschen im Bild leben kann oder ob es wirklich stört. Werden die Fotos für einen professionellen Reisevortrag vor Publikum benötigt, werden die Qualitätsansprüche sicherlich höher angesetzt, als bei Fotos, die ausschließlich der Erinnerung für sich selbst und für die Familie dienen sollen.

„BILDRAUSCHEN" MINIMIEREN

- Niedriger ISO-Wert
- So hell wie möglich belichten
- Kurze Belichtungszeiten
- Kamera und somit Sensor soll nicht der Hitze ausgesetzt werden
- Großer Sensor (z. B. Vollformat)

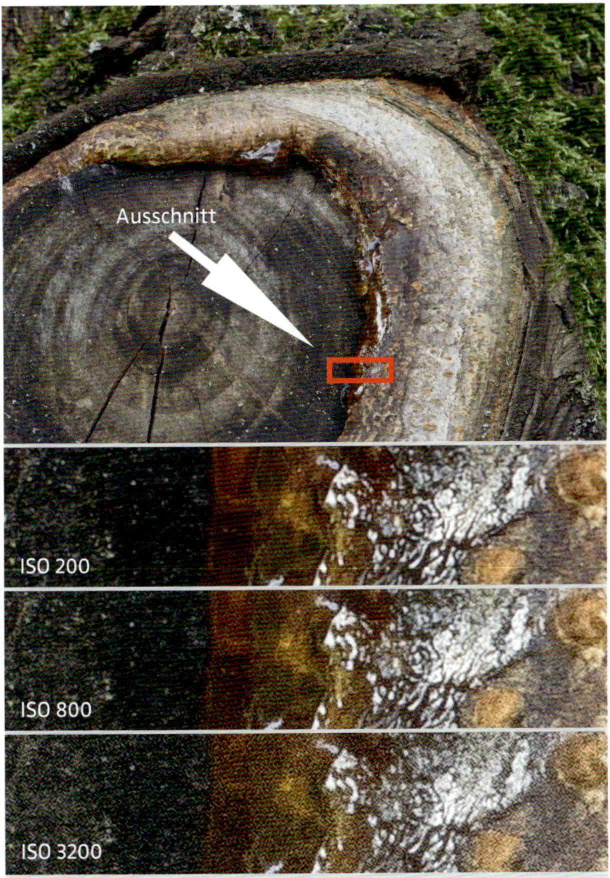

Vergleich Bildrauschen bei ISO 200, ISO 800 und ISO 3200.

Den ISO-Wert also immer erst einmal so niedrig wie möglich wählen, z. B. ISO 100 oder 200. Benötigen Sie für Ihr Motiv eine kurze Belichtungszeit, z. B. 1/1000 s und Ihre Blende am Objektiv ist schon weit möglichst geöffnet, z. B. *f*2,8, dann erhöhen Sie die ISO so lange, bis die benötigte Belichtungszeit erreicht ist. Sonst fotografieren Sie zwar mit einem niedrigen ISO-Wert, erhalten aber schließlich ein unscharfes Foto, weil die Belichtungszeit nicht kurz genug war.

FAZIT: DER ISO-WERT

... sollte immer so niedrig wie möglich eingestellt werden, z. B. ISO 100 oder 200. Bei den meisten Spiegelreflexkameras können Sie aber bedenkenlos mit ISO 400 oder 800 fotografieren, ohne dass es zu starkem, störendem Rauschen kommt. Ausnahme ist die Nachtfotografie; hier bitte immer den niedrigsten ISO-Wert einstellen und mit Stativ fotografieren.

Zusammenspiel von Zeit, ISO und Blende (ZIB)

Nachdem nun Zeit (Z), ISO (I) und Blende (B) auf den vorigen Seiten einzeln vorgestellt worden sind, möchten Sie sicher wissen, wie diese drei Parameter zusammenspielen.

Bei der von uns empfohlenen Programmwahl Av bzw. A, also der Blendenvorwahl, bedeutet ein Erhöhen des ISO-Wertes bei gleichbleibenden Lichtverhältnissen eine Verkürzung der Belichtungszeit. Die vorgewählte Blende bleibt dabei bestehen.

ZUSAMMENSPIEL VON ZIB BEI Av/A

- Blende f8 ISO 100 Zeit 1/100 s
- Blende f8 ISO 200 Zeit 1/200 s
- Blende f8 ISO 400 Zeit 1/400 s

Sollten Sie mit der Zeitvorwahl Tv bzw. S fotografieren, bewirkt die Erhöhung des ISO-Wertes bei gleichbleibenden Lichtverhältnissen ein weiteres Schließen der Blende (höhere Blendenzahl). Die vorgewählte Zeit bleibt gleich.

ZUSAMMENSPIEL VON ZIB BEI Tv/S

- Zeit 1/100 s ISO 100 Blende f8
- Zeit 1/100 s ISO 200 Blende f11
- Zeit 1/100 s ISO 400 Blende f16

Möchten Sie also auf Ihrer Reise ein bewegtes Objekt aufnehmen und benötigen Sie dazu eine kürzere Belichtungszeit, so müssen Sie entweder die Blende weiter öffnen (kleine Blendenzahl) oder, wenn das nicht mehr geht, den ISO-Wert erhöhen.

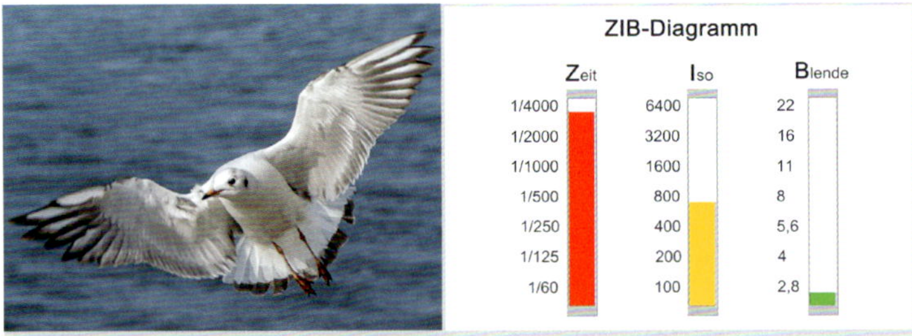

ZIB-Zeit – hier spielt eine kurze Zeit die wichtigste Rolle.

Wollen Sie bewegte Objekte bei ungünstigen Lichtverhältnissen fotografieren, haben Sie oftmals keine andere Möglichkeit, als die Blende weit zu öffnen und gleichzeitig den ISO-Wert höher zu stellen. Die Gefahr hierbei ist, dass oft die Schärfe des Bildes darunter leidet und eventuell das Bildrauschen verstärkt wird.

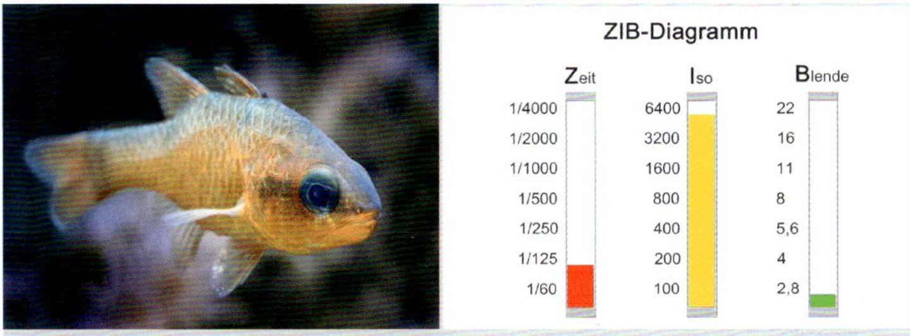

Bei wenig Licht und viel Bewegung hilft es oft, den ISO-Wert hochzustellen.

Benötigen Sie mehr Schärfentiefe im Bild, schließen Sie einfach die Blende, indem Sie eine größere Blendenzahl einstellen. Beachten Sie, dass sich dadurch die Belichtungszeit verlängert und dass Sie eventuell ein Stativ benötigen. Das macht allerdings nur dann Sinn, wenn sich das Motiv nicht bewegt.

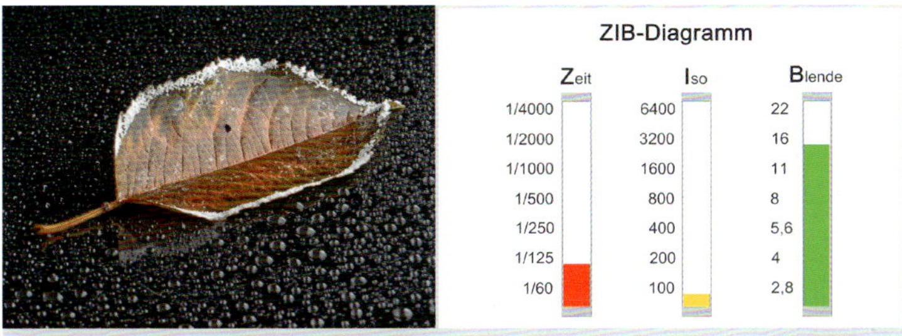

Eine hohe Blendenzahl für mehr Schärfentiefe.

Hier noch kurze Merksätze, mit deren Hilfe Sie sich die Beziehung zwischen Blendenwert, Belichtungszeit und Schärfentiefe gut merken können.

WICHTIG: BEZIEHUNG ZWISCHEN BLENDENZAHL, BELICHTUNGSZEIT UND SCHÄRFENTIEFE

- Je größer die Blendenzahl, desto länger die Belichtungszeit und umso mehr Schärfentiefe.
- Je kleiner die Blendenzahl, desto kürzer die Belichtungszeit und umso weniger Schärfentiefe.

Weniger ist mehr: Nur ein Autofokusmessfeld verwenden

Oftmals ist es besser, wenn Sie von den Autofokusmessfeldern möglichst wenige verwenden, am besten nur ein einziges. Bei der Verwendung mehrerer Autofokusmessfelder wählt die Kamera selbstständig die Messfelder aus, in denen sie das Motiv vermutet. Dabei kann es leicht passieren, dass die Kamera auf etwas scharf stellt, was gar nicht Ihr Motiv ist. Etwas anderes im Foto wird scharf, vielleicht ein Baum, der im Vordergrund vor Ihrem eigentlichen Motiv steht, aber Ihr Motiv wird unscharf abgebildet. Deshalb – gemäß der Aussage, dass weniger oftmals mehr ist: Stellen Sie bei Ihrer Kamera am besten die Option für ein Autofokusmessfeld ein. Welches der einzelnen Autofokusmessfelder Sie aktivieren, ist dabei Ihnen überlassen. Sie können bei den meisten Kameras ganz gezielt eines anwählen, entweder das Fokusfeld in der Mitte oder eines im Randbereich des Sucherfeldes. So haben Sie die Möglichkeit, mit dem Autofokusmessfeld wie mit dem Zeigefinger gezielt auf das zu zeigen, was scharf werden soll.

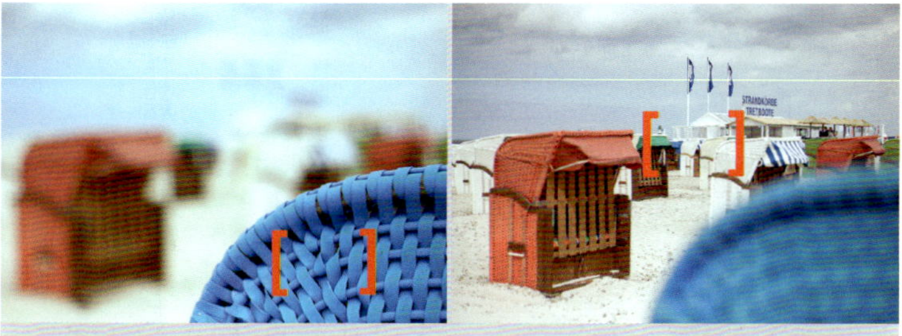

Gezielt die Schärfe legen mit nur einem Autofokusmessfeld.

Belichten mit dem Belichtungsprogramm Av/A

Bei den Kameras können Sie in der Regel frei wählen, ob Sie die Belichtung gern allein einstellen möchten oder ob Sie Ihre Kamera an der Arbeit teilhaben lassen und sie so zu Ihrem Assistenten machen.

Dazu können Sie am Kameragehäuse oben mit einem Drehknopf wählen, mit welchem Belichtungsprogramm Sie fotografieren möchten. Die Buchstaben, mit denen die einzelnen Programme abgekürzt sind, lauten

- Av (bei Canon) oder A (bei Nikon) für Blendenvorwahl (= Zeitautomatik),
- Tv (bei Canon) oder S (bei Nikon) für Zeitvorwahl (= Blendenautomatik),
- P für Programmautomatik und
- M für manuelles Belichten.

BELICHTUNGSPROGRAMME

- Programmautomatik (P): Die Kamera wählt sowohl die Belichtungszeit als auch die Blende selbstständig aus. Die Zeit-/Blendenkombination ist meist ein Kompromiss zwischen optimaler Blende für ausreichende Schärfentiefe und ausreichend kurzer Belichtungszeit für verwacklungsfreie Bilder ohne Stativ.
- Zeitvorwahl (Tv bzw. S): Hier stellen Sie die Zeit, mit der Sie fotografieren möchten, selbst ein und die Kamera gibt Ihnen eine zu den Lichtverhältnissen passende Blende.
- Blendenvorwahl (Av bzw. A): Hier stellen Sie die Blende vorab ein und die Kamera gibt Ihnen die passende Zeit dazu.
- Manuell (M): Sie selber stellen die Ihnen günstig erscheinende Kombination aus Blende und Zeit ein und die Kamera hat frei.

Wir empfehlen Ihnen, mit der Blendenvorwahl Av bzw. A zu fotografieren. Bei der Blendenvorwahl sind Sie im Großen und Ganzen sicher, dass Ihr Bild richtig belichtet wird. Sie stellen gezielt die Blende ein und die Zeitautomatik ermittelt für Sie die notwendige Verschlusszeit, um das Bild richtig zu belichten. Sie müssen jetzt nur noch darauf achten, dass die Zeit kurz genug ist, damit Sie beim Fotografieren ohne Stativ das Bild nicht verwackeln.

WICHTIG: FOTOGRAFIEREN VON TIEREN MIT Av/A

Gerade beim Fotografieren von Tieren in Bewegung ist das Fotografieren mit Av/A von Vorteil, denn die Belichtungszeit, die Ihnen die Kamera dazu gibt, ist immer auch die kürzest mögliche. Wenn Sie dagegen im Belichtungsprogramm Tv/S eine kurze Zeit auf gut Glück einstellen würden, könnten Ihre Bilder schnell unterbelichtet sein, da Ihre „Wunsch-Belichtungszeit" für die herrschenden Lichtverhältnisse und die am weitesten mögliche Blendenöffnung, die Ihnen in diesem Fall die Kamera geben würde, viel zu kurz wäre.

Belichtungsmessen in der Mitte des Bildes

Auch zum Errechnen der richtigen Belichtung bietet Ihnen die Kamera verschiedene Messmethoden an. Sie unterscheiden sich dadurch, dass für die Berechnung der richtigen Belichtung von der Kamera jeweils verschieden große Bereiche des Sucherausschnitts berücksichtigt werden. Entsprechend der Größe des Messbereichs sind auch die Namen der Messmethoden gewählt.

Bei der **Selektiv- und der Spotmessung** wird nur ein kleiner Bereich in der Mitte des Bildes zur Belichtungsmessung verwendet. Dies bietet die Möglichkeit, ausschließlich einen bestimmten kleinen Bereich für die korrekte Belichtung anzumessen, beispielsweise bei Lichtsituationen mit hohem Hell-Dunkel-Kontrast.

Bei der **mittenbetonten (Integral-)Messung** haben Sie im Allgemeinen die höchste Trefferquote hinsichtlich richtiger Belichtung, da ein großer Teil des Bildes (ca. 70 %) in die Berechnung einfließt und oftmals der Bildausschnitt vom Fotografen so gewählt wird, dass das Motiv mehr oder weniger in der Mitte des Bildes positioniert ist.

Bei der **Mehrfeldmessung** fließt der gesamte Bildausschnitt in die Belichtungsmessung ein. Die Mehrfeldmessung ist recht zuverlässig, kann jedoch bei starken Hell-Dunkel-Kontrasten zu Fehlbelichtungen führen.

Damit Sie nicht immer in den verschiedenen Lichtsituationen zwischen den einzelnen Messmethoden hin und her springen müssen, empfehlen wir Ihnen, immer mit der gleichen Messmethode zu arbeiten, am besten mit der mittenbetonten Messung und, falls Sie mit dem Ergebnis nicht ganz zufrieden sind, die Belichtung für die Folgeaufnahme mit der sogenannten Plus-Minus-Taste (+/–) in der gewünschten Weise zu korrigieren.

Die Geheimtaste zur Belichtungskorrektur

Wenn Sie mit den oben beschriebenen Halbautomatiken Av/A (Blendenvorwahl) oder Tv/S (Zeitvorwahl) oder mit der P (Programmautomatik) fotografieren und mit dem Belichtungsergebnis nicht zufrieden sind, haben Sie die Möglichkeit, mit der Plus-Minus-Taste (+/–) eine Belichtungskorrektur vorzunehmen. In den Programmen Tv/S, Av/A und P können Sie ausschließlich über diese Taste Einfluss auf die Belichtung nehmen, niemals über ein Verstellen des ISO-Wertes oder indem Sie die Blende oder die Zeit verändern. Denn in den Programmen Av/A, Tv/S und P würde die Kamera, wenn Sie einen der drei Werte ISO, Blende oder Zeit verändern, gleich wieder so gegenrechnen, dass bei der Folgeaufnahme das Foto genauso hell oder dunkel erscheint, wie vor der Korrektur. Die Kamera hat eben auch ihre eigene Vorstellung davon, was die richtige Belichtung für ein Bild ist. Doch muss dies nicht unbedingt Ihren Wünschen entsprechen. Wenn z. B. ein starker Hell-Dunkel-Kontrast zwischen Motiv und Umgebung vorliegt, kommt es vor, dass das eigentliche Motiv durch die von der Kamera ermittelten Werte zu hell oder zu dunkel belichtet wird. Wenn Sie bei der Einstellung Av/A mit der Belichtungskorrektur die Helligkeit des Bildes verändern, ändert sich bei der Aufnahme die Belichtungszeit.

Aber Achtung: Bei Korrektur in Richtung „Minus“ wird die Belichtungszeit kürzer, bei Korrektur in Richtung „Plus“ wird die Belichtungszeit länger.

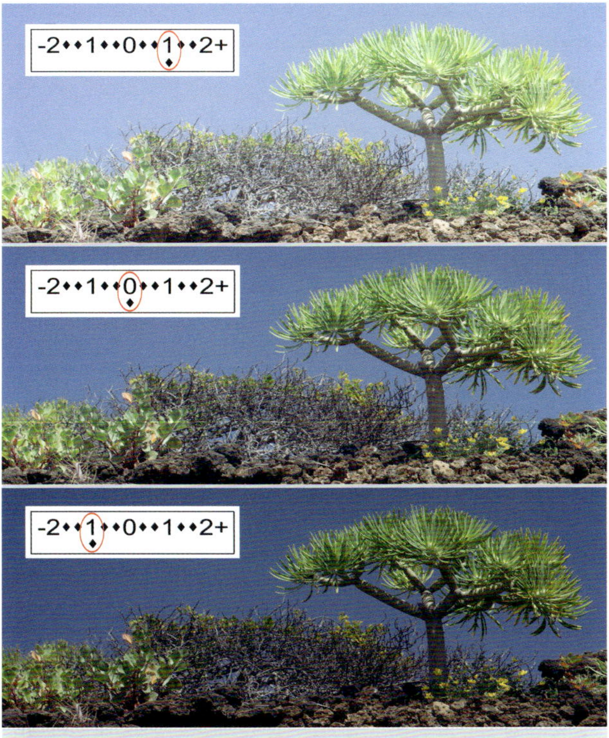

Belichtungskorrektur mit der Plus-Minus-Taste +/–.

Über die Plus-Minus-Taste +/– reden wir gern als Geheimtaste, und zwar deshalb, weil die Kamera diese Taste nicht kennt. Denn wenn sie sie kennen würde, würde sie wieder gegensteuern, um das Bild so zu belichten, wie sie es für richtig hält.

WICHTIG: BELICHTUNGSKORREKTUR MIT DER PLUS-MINUS-TASTE +/–

Wenn Sie mit dem Belichtungsergebnis bei einem Bild nicht zufrieden sind, können Sie für die nächste Aufnahme den Pegel in Richtung „plus", also heller oder in Richtung „minus", also dunkler drehen. Aber Achtung: Es wird immer das gesamte Bild heller oder dunkler gemacht, niemals nur einzelne Bildelemente. Und nicht vergessen, nach der Aufnahme wieder auf „0" zurückzustellen, denn das geht leider nicht automatisch.

Objektiv-Brennweiten

Auf Ihren Objektiven ist vorne eine Angabe über deren Brennweite. Die Brennweite wird in Millimeter (mm) angegeben. Wichtig für Sie zu wissen ist, dass Objektive mit unterschiedlichen Brennweiten das Motiv auf unterschiedliche Weisen abbilden. Objektive mit kurzen Brennweiten

(z. B. 18 – 40 mm) werden Weitwinkelobjektive genannt, Objektive mit einer Brennweite von etwa 50 mm werden Normalobjektive genannt, und Objektive mit Brennweiten darüber (70 – 400 mm) bezeichnet man als Teleobjektive.

BRENNWEITENBEREICHE UND OBJEKTIVE

Superweitwinkelbereich: 10 – 18 mm, z. B. Zoomobjektiv 10 – 20 mm oder 12 – 24 mm.

Weitwinkelbereich: 18 – 55 mm, weiter Bildwinkel, viel auf dem Foto abgebildet, aber recht klein, z. B. Zoomobjektiv 18 – 55 mm.

Normalbereich: etwa 50 mm.

Telebereich: 70 – 400 mm, enger Bildwinkel, wenig auf dem Foto, dafür aber recht groß, z. B. Zoomobjektiv 70 – 200 mm oder 70 – 300 mm.

Supertelebereich: größer als 400 mm, z. B. Zoomobjektiv 150 – 500 mm.

Diese Namen sind nicht zufällig gewählt, denn mit der Brennweite des Objektivs verändert sich der Bildausschnitt. Bei einem Weitwinkelobjektiv passt sehr viel mehr aufs Bild, denn horizontaler und vertikaler Bildwinkel sind wesentlich weiter als bei einem Teleobjektiv mit recht engen Bildwinkeln. An den Seiten rechts und links

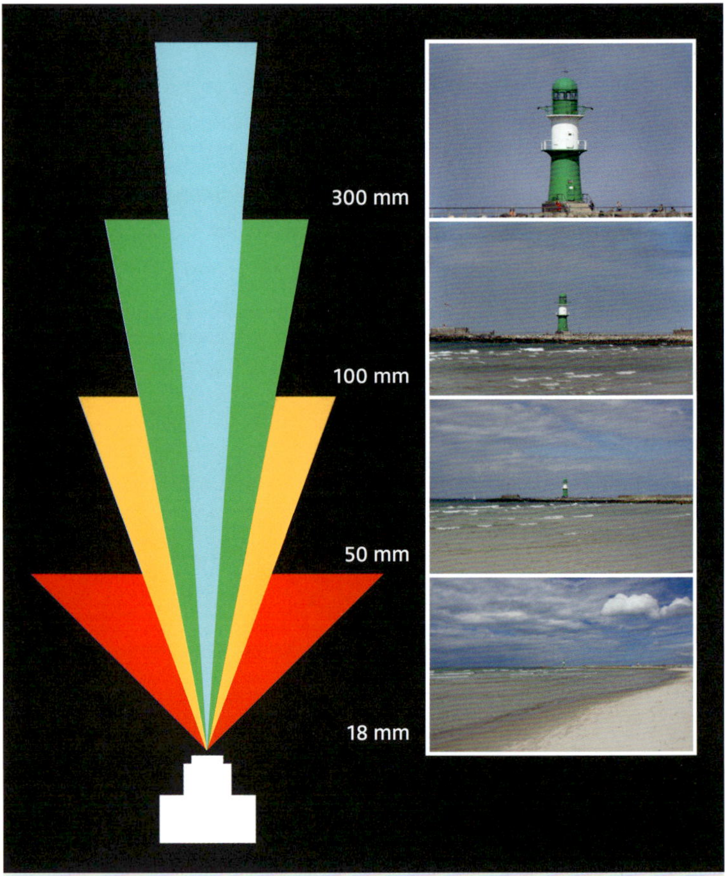

Vergleich von Bildwinkeln und Brennweiten.

und auch nach oben und unten haben Sie beim Weitwinkel auf dem Foto mehr auf dem Bild, als wenn Sie die gleiche Aufnahme mit Normalobjektiv oder Teleobjektiv machen würden. Dafür holen Sie mit dem Teleobjektiv Dinge aus der Ferne näher heran, sodass sie auf dem Foto größer abgebildet werden als mit Weitwinkel- oder Normalobjektiv.

Aber Achtung: Dieselben Brennweiten können bei verschiedenen Kameras unterschiedliche Bildausschnitte ergeben. Das liegt daran, dass sich die Angaben der Brennweiten auf das klassische Kleinbildformat der analogen Fotografie beziehen. Die Negative maßen damals 24 x 36 mm. Bei den digitalen Vollformat-Kameras hat der Sensor etwa die gleiche Größe wie die analogen Negative. Die meisten digitalen Kameras haben jedoch einen Bildsensor, der kleiner ist als das besagte Negativ-Format. Bei diesen Halbformat-Kameras ist ein sogenannter „Cropfaktor" angegeben, mit dem Sie die Brennweite Ihres Objektivs multiplizieren, wenn Sie genau wissen wollen, mit welcher Brennweite in Kombination mit Ihrer Kamera Sie fotografieren. Das ist eine kleine rechnerische Spielerei, die Sie nicht unbedingt durchführen müssen. Für die praktische Umsetzung eines Fotos bedeutet es allerdings, dass Sie mit einer Halbformat-Kamera bei gleichem Objektiv nicht so nahe an Ihr Motiv herangehen müssen, um es formatfüllend aufzunehmen. Sie haben also eine scheinbare Brennweitenverlängerung. Scheinbar deshalb, weil das Motiv nicht wirklich größer abgebildet wird, sondern der Rest, der nicht mehr auf das Halbformat passt, abgeschnitten, also „gecropt" wird. Das Halbformat ist somit eine Ausschnittsvergrößerung des Vollformats.

Stürzende Linien und verzerrende Effekte des Weitwinkelobjektivs

Beim Fotografieren von Gebäuden mit einem Weitwinkelobjektiv können schnell sogenannte „Stürzende Linien" auf den Fotos entstehen. Diese ergeben sich immer dann, wenn die Kamera nicht parallel zur Aufnahmefläche, also beispielsweise zum Gebäude gehalten wird. Das passiert schnell, wenn das Gebäude, das man aufnehmen möchte, nicht ganz aufs Bild passt und man die Kamera dann etwas nach oben kippt, damit auch das Dach oder die Turmspitze mit drauf kommt. Auf dem Foto sieht das Haus dann so aus, als würde es umfallen, und zwar deshalb, weil die senkrechten parallelen Linien des Hauses auf einen gemeinsamen Punkt zulaufen. Um diesen Effekt zu minimieren oder zu vermeiden, kann man einiges tun (siehe Workshop „Architektur – Stürzende Linien vermeiden"). Aber man kann ihn auch ganz bewusst einsetzen (siehe Workshop „Verfallene Bauwerke – Stützende Linien bewusst einsetzen").

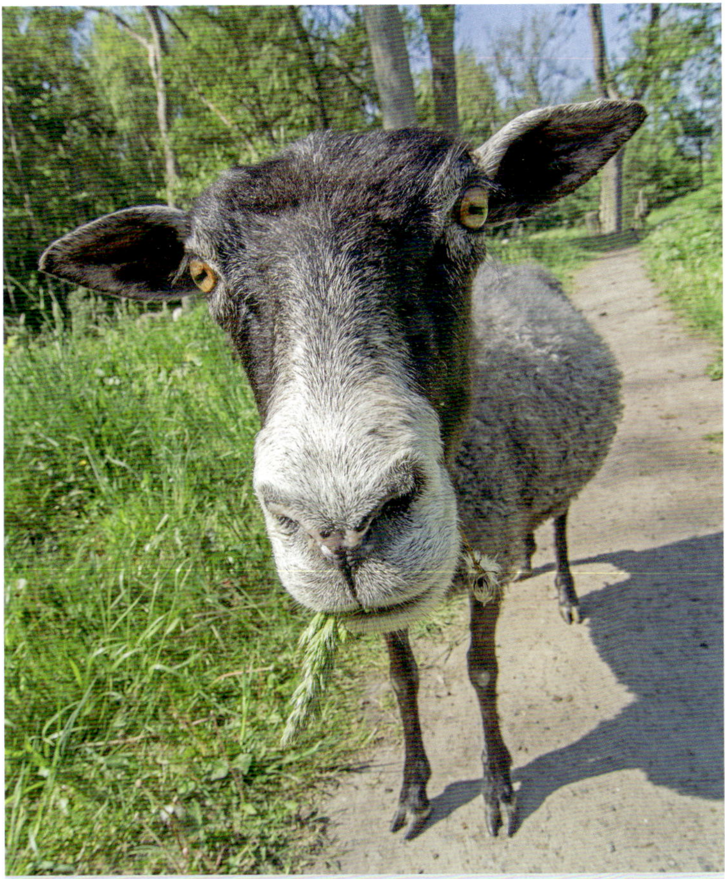

Verzerrende Wirkung durch 12-mm-Weitwinkel.

TIPPS GEGEN STÜRZENDE LINIEN

- Kamera möglichst parallel zur Aufnahmefläche halten.
- Größeren Abstand zum Haus einnehmen und mit einem Teleobjektiv fotografieren.
- Einen erhöhten Aufnahmestandpunkt einnehmen.
- Weitwinkel im Hochformat einsetzen.

Sie können allerdings auch einmal die verzerrende Wirkung des Weitwinkelobjektivs bei kurzem Aufnahmeabstand bewusst einsetzen. Ein Tier aus nächster Nähe mit einem starken Weitwinkelobjektiv aufgenommen, hat auf dem Foto z.B. einen riesigen Kopf und einen sehr kleinen Körper. Dies sieht manchmal sehr lustig aus. Probieren Sie es ruhig einmal aus, vielleicht mit einem ähnlichen Motiv wie im Workshopteil des Buches (siehe Workshop „Am Hafen – Fischerboote" und Workshop „Lustiges – Schräges Schaf").

! WICHTIG: STREULICHTBLENDE NICHT VERGESSEN

Vergessen Sie nicht, für Ihre Objektive, die Sie auf die Reise mitnehmen, auch die jeweils passende Streulichtblende einzupacken. Schrauben Sie diese auch an schattigen Tagen aufs Objektiv, denn sie vermeidet nicht nur, dass beim Fotografieren überflüssiges Streulicht auf den Sensor gelangt, sondern sie ist auch ein hervorragender Stoßschutz.

Nützliche Filter

Im Folgenden möchten wir Ihnen einige Filter vorstellen, die Sie auf Ihrer Reise dabei haben sollten, sei es um das Objektiv zu schützen, wie mit dem UV-Filter oder um ganz bestimmte Effekte zu erzielen, wie z. B. mit dem Graufilter.

Graufilter

Einen Graufilter setzen Sie beim Fotografieren ein, wenn Sie eine Belichtungszeit von einer oder sogar mehreren Sekunden benötigen, es aber noch heller Tag ist, die Sonne scheint, und wenn Sie trotz Schließen der Blende und Einstellen eines sehr niedrigen ISO-Wertes nicht auf die benötigte Zeit kommen. Im Workshop „Bach und Fluss – Wasser zum Fließen bringen" haben wir eine solche Situation beschrieben. Selbst wenn Sie die höchste Blendenzahl Ihres Objektivs einstellen, die Blende also weit schließen und den niedrigsten ISO-Wert einstellen, kommen Sie bei Sonne nicht unter 1/20 s Belichtungszeit. Das ist für bestimmte Effekte, die man erzielen möchte, oftmals nicht lang genug. Möchten Sie also fließendes Wasser milchig fließend darstellen, so benötigen Sie mehrere Sekunden, je nachdem, wie stark der Effekt ausgeprägt sein soll. Aber auch für Straßenszenen eignet sich der Graufilter, um Personen, die die Straße entlanggehen, mehr oder weniger durchsichtig, quasi geisterhaft erscheinen zu lassen.

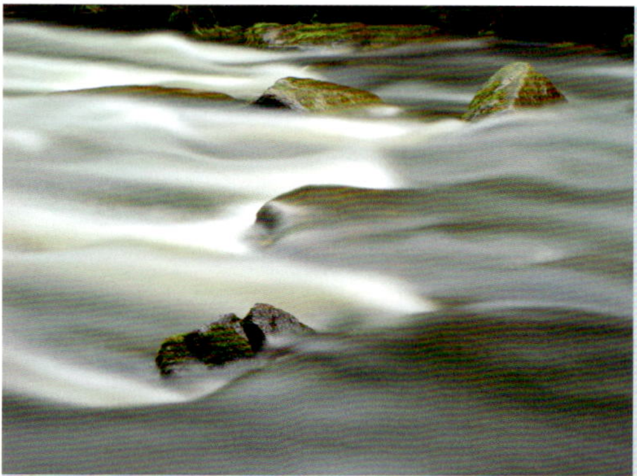

Fließendes Wasser bei 30 s Belichtungszeit.

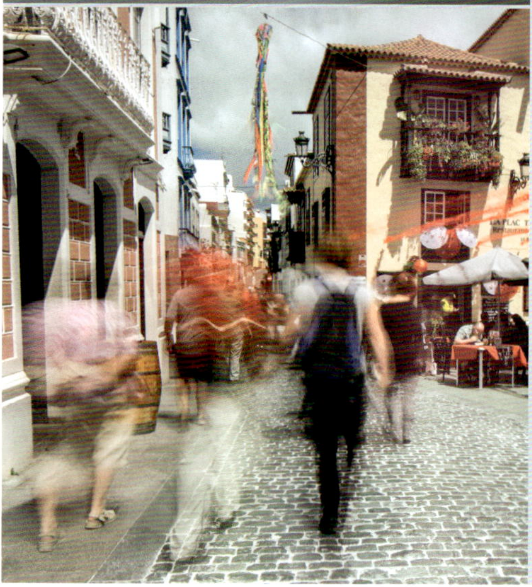

Straßenszene bei 1 s Belichtungszeit.

Es gibt Graufilter in verschiedenen Dichten, also solche, wo Sie noch durchschauen können und andere, die ein Durchschauen nahezu unmöglich machen und wo man nur schemenhaft den Bildausschnitt erahnen kann. Die Angaben zur Dichte der Filter sind leider bei den verschiedenen Herstellern sehr unterschiedlich. Wir nehmen gern einen sehr dichten Filter, z. B. den Neutraldichtefilter ND 3.0, 1000-fach, 10 Blendenstufen dunkler. Damit haben wir die maximale Abdunklung mit der am längsten möglichen Belichtungszeit. Wir können aber durch Öffnen der Blende, also Einstellen von niedrigeren Blendenwerten und durch ein Erhöhen des ISO-Wertes die Belichtungszeit verkürzen und somit den Effekt vermindern, wenn er uns zu stark erscheint. Durch dieses Zusammenspiel von Blende, ISO und dunklem Filter hat man große Variationsmöglichkeiten.

Polfilter

Den Polfilter setzen Sie ein, um Reflexionen auf Oberflächen zu vermindern. Der Polfilter besteht aus zwei Scheiben, die Sie gegeneinander verdrehen können, sodass Sie selbst einstellen, wie stark die Wirkung des Polfilters sein soll. Der Polfilter wird auch in der Landschaftsfotografie gerne eingesetzt, weil er die Farben verstärkt, indem er Lichtreflexionen von Blättern und Gräsern wegnimmt oder auch das Blau des Himmels kräftiger erscheinen lässt. Mit dem Polfilter erzielen Sie die beste Wirkung, wenn Sie in einem Winkel von 30–45 Grad vor dem Motiv stehen, von dem Sie die Spiegelung nehmen möchten, also beispielsweise seitlich zu einer Schaufensterscheibe. Ob Sie mit dem Polfilter eine Wirkung erzielen oder nicht, können Sie auch testen, ohne ihn vor das Objektiv zu schrauben, nämlich indem Sie ihn mit dem Gewinde in Richtung Ihres Gesichtes vor Ihr Auge halten und ihn dann drehen. Wenn sich nichts ergibt, brauchen Sie den Filter gar nicht erst vor das Objektiv zu schrauben. Und vergessen Sie nicht, den Polfilter wieder vom Objektiv herunterzuschrauben, statt womöglich während der ganzen Reise damit zu fotografieren.

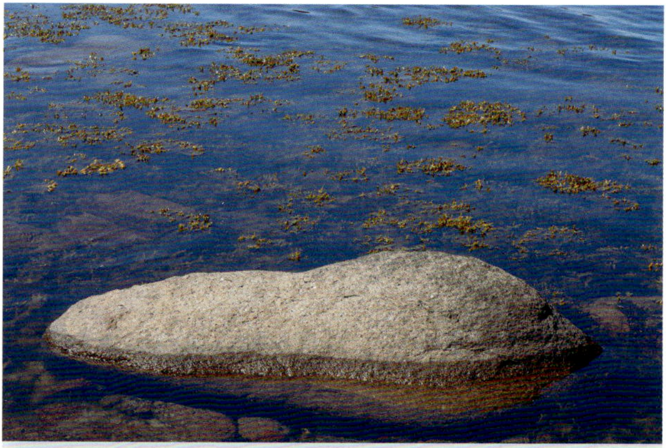

Blick ins Wasser ohne Polfilter.

Das wäre von Nachteil, denn der Polfilter nimmt Ihnen Licht in Höhe von bis zu ca. zwei Blendenwerten. Das kann Sie ganz schnell zu Belichtungszeiten bringen, die Sie nicht mehr aus der Hand halten können oder die für ein sich bewegendes Motiv viel zu lang sind. Also den Polfilter immer nur gezielt und bewusst ein- und wieder absetzen.

Ein kleiner Tipp am Rande: Wenn Sie den Polfilter auf Ihr Objektiv schrauben, dann nur locker, sodass er gerade noch nicht herunterfällt. Denn schnell ist der Filter so festgedreht, dass er sich nur schwer wieder abschrauben lässt. Da der Filter aus zwei Scheiben besteht, drehen Sie dann nur die beiden Scheiben gegeneinander und Sie

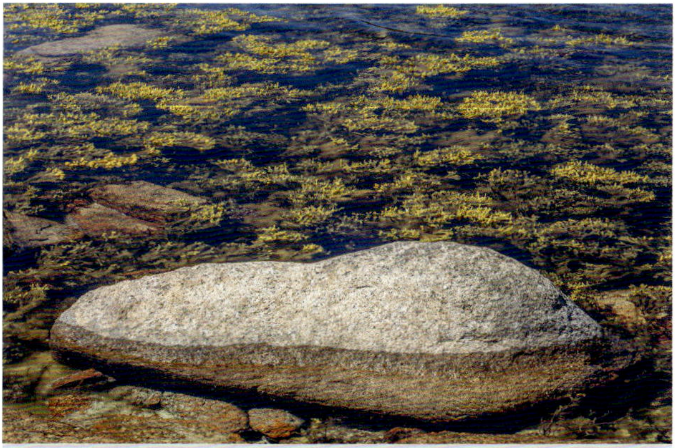

Blick ins Wasser mit Polfilter.

bekommen den Filter nicht vom Objektiv herunter. Es gibt jedoch einen kleinen Tipp, falls Ihnen das passieren sollte: Nehmen Sie einfach Tesafilm und kleben damit vorsichtig die beiden Scheiben zusammen. Eine Schicht Tesa genügt. Passen Sie auf, dass Sie den Filter dabei nicht am Objektiv festkleben, sonst funktioniert es nicht. Sie haben nun durch die mit Tesafilm zusammengeklebten Filterscheiben eine breitere Fläche, die Sie besser greifen und somit auch abschrauben können.

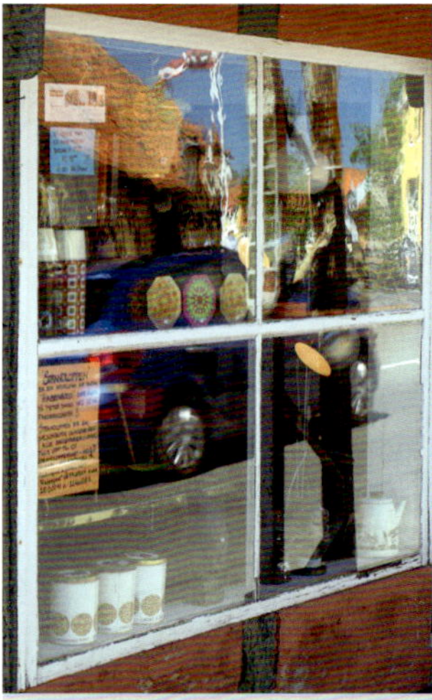

Blick ins Schaufenster ohne Polfilter.

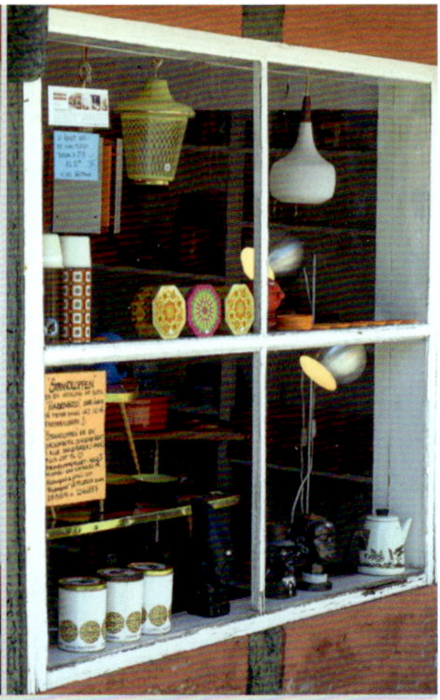

Blick ins Schaufenster mit Polfilter.

UV-Schutzfilter (umgangssprachlich „UV-Filter“)

Zur Zeit der analogen Fotografie wurden UV-Filter hauptsächlich in Gebieten mit erhöhter UV-Strahlung, wie am Meer oder im Gebirge, vor das Objektiv geschraubt. Damit wollte man einen Blaustich, der durch starke UV-Strahlung auf den Fotos entstehen konnte, vermeiden. Wie bei keinem anderen Filter gehen in der heutigen digitalen Fotografie die Meinungen über den UV-Filter auseinander. Da er keinerlei farbliche Beeinträchtigung der Fotos zur Folge hat und auch kein Licht schluckt – jedenfalls nicht in den Mengen, die das menschliche Auge wahrnimmt und die sich beim Fotografieren bemerkbar machen – fotografieren wir immer mit UV-Filter. Er bietet dem Objektiv einen guten Schutz vor Schmutz. Beim Putzen des Objektivs ist man sonst immer voller Sorge, Kratzer auf dem Objektiv zu verursachen. Wenn aber der UV-Filter einmal auf das saubere, staubfreie Objektiv aufgeschraubt ist, kann nahezu kein Schmutz auf die Frontlinse des Objektives kommen. Zudem bietet der UV-Filter dem Objektiv auch einen guten Schutz vor Stößen, wenn z. B. andere dagegen stoßen oder Sie das Objektiv einmal nicht ganz so vorsichtig im Gebrauch haben. Natürlich müssen Sie aber selbst entscheiden, ob Sie diesen Filter nutzen möchten oder nicht.

Ein paar Tipps für scharfe Fotos

Bevor wir zum Schluss dieses Kapitels kommen und Sie gleich in den Workshopteil des Buches führen, möchten wir Ihnen noch einige Tipps geben, wie Ihre Fotos scharf werden. Schärfe allein macht noch kein gutes Bild aus, doch wenn Bilder häufig unscharf werden und man nicht so genau weiß, woran es liegen könnte, ist das auch nicht schön. Deshalb folgen hier noch ein paar Hinweise.

AF bedeutet übrigens „Autofokus" und MF „manuell fokussieren". Dazu müssen Sie entweder am Objektiv, am Kameragehäuse oder an beiden etwas umstellen. Das ist von Kamera zu Kamera verschieden. Haben Sie AF eingestellt, übernimmt die Kamera das Scharfstellen für Sie (siehe Kapitel: „Weniger ist mehr: Nur ein Autofokusmessfeld verwenden"). Bei MF müssen Sie selber über den Schärfering an Ihrem Objektiv die Schärfe einstellen. Das Foto wird aber nur dann wirklich scharf, wenn der Kamerasucher auf Ihr Auge eingestellt ist (siehe Kapitel „Kamerasucher auf das Auge einstellen").

Die Spiegelvorauslösung (siehe folgende Auflistung) finden Sie im Menü Ihrer Spiegelreflexkamera. Sie bewirkt, dass der Spiegel einige Sekunden, bevor die eigentliche Aufnahme gemacht wird, hochklappt. Dadurch wird ein Schwingen während der Aufnahme, dass das Hochklappen des Spiegels bewirken könnte und damit auch eine Verwacklungsunschärfe weitestgehend vermieden. Dies gilt insbesondere für längere Belichtungszeiten mit Teleobjektiven.

TIPPS FÜR SCHARFE FOTOS

- Möglichst kurze Belichtungszeit bei bewegten Motiven (z. B. 1/300 s und kürzer) und/oder, wenn Sie mit einem Teleobjektiv fotografieren.
- Schalten Sie immer den Bildstabilisator aus, wenn Sie vom Stativ aus fotografieren.
- Stellen Sie mit dem Dioptrienrädchen den Sucher Ihrer Kamera auf das Auge ein, mit dem Sie durch den Sucher schauen.
- Benutzen Sie bei langen Belichtungszeiten ein Stativ.
- Achten Sie darauf, ob Sie auf AF oder MF eingestellt haben, denn bei MF müssen Sie selbst scharf stellen.
- Wenn Sie ein Stativ verwenden, nutzen Sie den Selbstauslöser oder den Fernauslöser.
- Verwenden Sie einen niedrigen ISO-Wert.
- Vermeiden Sie Aufnahmen mit ganz geschlossener oder ganz geöffneter Blende.
- Verwenden Sie bei längeren Belichtungszeiten für Aufnahmen mit Teleobjektiven und im Makrobereich die Spiegelvorauslösung.

WORKSHOPS

Nun wollen wir in die Praxis übergehen und mit den Workshops beginnen. Für Ihre Reisefotos haben wir zu 21 verschiedenen Themen, die Ihnen auf Ihren Reisen begegnen könnten, jeweils mehrere Workshops für Sie vorbereitet. Durch die Aufteilung in einzelne Themenbereiche haben Sie es leichter, gezielt die Workshops zu finden, die Sie gerade benötigen.

Die einzelnen Workshops sollen Ihnen Anregungen und Ideen geben, wie man sich den verschiedenen Motiven fotografisch nähern kann. Erwarten Sie nicht, dass Sie die Fotos, die in den Workshops gezeigt werden, immer 1:1 umsetzen können. Dazu sind in der Fotografie die Situationen und die Rahmenbedingungen doch zu individuell. Aber die Workshops sollen Ihnen Anregungen geben, Sie inspirieren und natürlich technische Unterstützung bieten, damit Sie in ähnlichen Fotosituationen gut vorbereitet sind.

Jeder Workshop wird Sie in drei Schritten zu einem guten Bildergebnis führen. Diese drei Schritte sind: Die

Idee des Bildes, was Sie dazu brauchen und wie Sie das Bild umsetzen.

„Die Idee des Bildes“: Bilder entstehen im Kopf und deshalb möchten wir Ihnen an dieser Stelle die Idee oder Überlegung, die wir vom möglichen Bild in der jeweiligen Situation hatten, vorstellen. Außerdem werden wir Sie auch auf mögliche Herausforderungen, die sich für die Umsetzung des Bildes ergeben, aufmerksam machen.

„Sie brauchen“: Hier bekommen Sie von uns die wichtigsten „Zutaten“, die Sie zur Umsetzung des Bildes benötigen, genannt. Das sind zum einen handfeste Dinge wie Objektivbrennweite oder Stativ, aber manchmal auch ganz spezielle Voraussetzungen, wie Geduld und eine gute Beobachtungsgabe. Zu den Objektivangaben sei noch gesagt, dass Sie, wenn Sie die genannte Brennweite nicht besitzen sollten, natürlich versuchen können, die Bildidee mit Ihrem Objektiv umzusetzen. Bei den Angaben zum Telezoomobjektiv, z. B. 70 – 300 mm, können Sie natürlich auch jederzeit mit einer Festbrennweite, die irgendwo in diesem Bereich liegt, fotografieren – oder mit Ihrem 50-mm-Objektiv einfach etwas näher herangehen.

„Umsetzung“: Wir beschreiben schrittweise Ihr Vorgehen zur Umsetzung des Bildes. Neben Kameraeinstellungen werden wir Sie auch auf Perspektive, wie z. B. tiefer Standpunkt, aufmerksam machen. Sollten Sie bei „Umsetzung“ den Wert der Belichtungszeit als Angabe von uns vermissen, beachten Sie, dass wir mit dem Belichtungsprogramm A/Av arbeiten. Hier gibt Ihnen die Kamera automatisch die jeweils zur vorherrschenden Lichtsituation geeignete Zeit dazu. Denn der genaue Zeitwert hängt natürlich immer von der Lichtsituation, in der Sie sich gerade befinden, ab (siehe Kapitel „Belichten mit dem Belichtungsprogramm A/Av)“.

Wenn wir in den Workshops mit dem Belichtungsprogramm Tv/S arbeiten, haben wir keinen Blendenwert dazu angegeben, denn den gibt Ihnen in die Kamera automatisch dazu.

Für alle, die gerne die Aufnahmedaten unserer Workshopbilder ganz genau wissen möchten, haben wir diese natürlich auch zu jedem Bild notiert.

Bedenken Sie jedoch, dass jedes Bild und die Rahmenbedingungen unter denen es entstanden ist, einzigartig sind. Zudem hat jeder seine eigene Kameraausrüstung mit unterschiedlichen Möglichkeiten, sodass es in der Regel schwierig ist, Bilder 1:1 nachzumachen. Aber darum geht es auch gar nicht bei diesen Workshops, sondern darum, Ihnen Anregungen für eigene Fotos und Sicherheit für die mögliche Umsetzung zu geben.

Übersicht über die Reisefotothemen

Ein ganz normales Landschaftsbild

1 Die Idee des Bildes

Fast schon wie ein Postkartenmotiv wirkt hier die Landschaft mit Felsen, einer Steinbrücke und einem freundlichen Himmel mit Sonne und Schäfchenwolken. Für dieses geradezu typische Landschaftsbild nahmen wir ein Normalobjektiv und warteten auf den richtigen Zeitpunkt, an dem der Sonnenstand Licht in die Felsenlandschaft hinein gab.

2 Sie brauchen

- z. B. Normalobjektiv 50 mm
- interessanten Wolkenhimmel

3 Umsetzung

1. Wählen Sie für die Belichtung Av/A.
2. Stellen Sie eine mittlere Blende von etwa ƒ8 ein.
3. Legen Sie das Einzelfokusfeld auf das vordere Drittel des Bildausschnitts.
4. Lösen Sie aus.
5. Kontrollieren Sie, ob die Belichtung des Motivs in Ordnung ist.
6. Korrigieren Sie gegebenenfalls die Belichtung mit der Taste +/– und lösen Sie noch einmal aus.

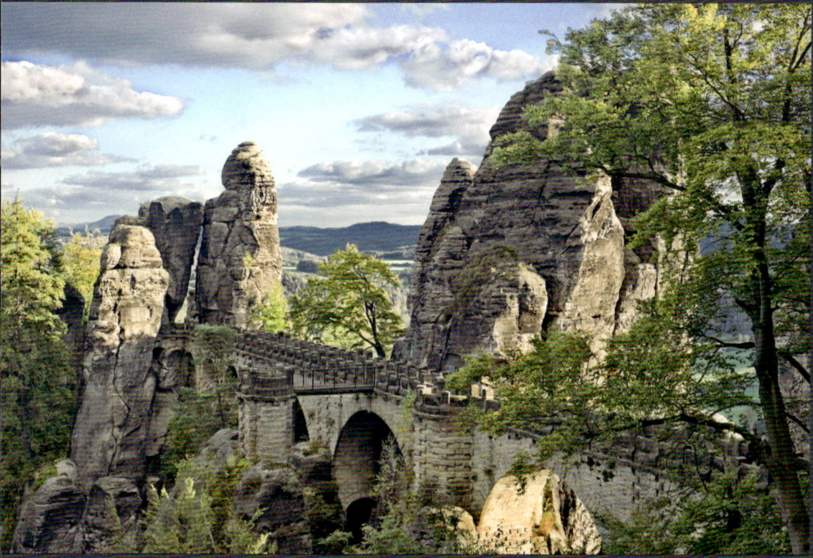

50 mm / ƒ7,1 / 1/200 s / ISO 200

Aufs richtige Licht warten

1 Die Idee des Bildes

Nicht immer hat man auf Reisen die Möglichkeit, bei einem Motiv so lange zu verweilen, bis sich das richtige Licht einstellt. Bei diesem Wolkenwasserfall war es aber für die Aufnahme unbedingt erforderlich, dass das Licht sowohl auf den benachbarten Vulkanhang als auch auf die sich ergießende Wolke fällt. Das war zwar erst am Nachmittag der Fall, aber das Warten hat sich gelohnt.

2 Sie brauchen

- z. B. Normalobjektiv 50 mm

3 Umsetzung

1. Versuchen Sie, bei der Bildgestaltung Spannung zu erzeugen. Bei diesem Motiv sind es ca. 1/3 Himmel und 2/3 Landschaft.
2. Wählen Sie für die Belichtung Av/A.
3. Stellen Sie eine mittlere Blendenzahl ein, z. B. *f*8.
4. Fokussieren Sie mit einem einzelnen Autofokusfeld auf das vordere Drittel im Bildausschnitt.
5. Lösen Sie aus.
6. Kontrollieren Sie, ob die Belichtung des Motivs in Ordnung ist.
7. Korrigieren Sie ggf. die Belichtung mit der Taste +/– und lösen Sie noch einmal aus.

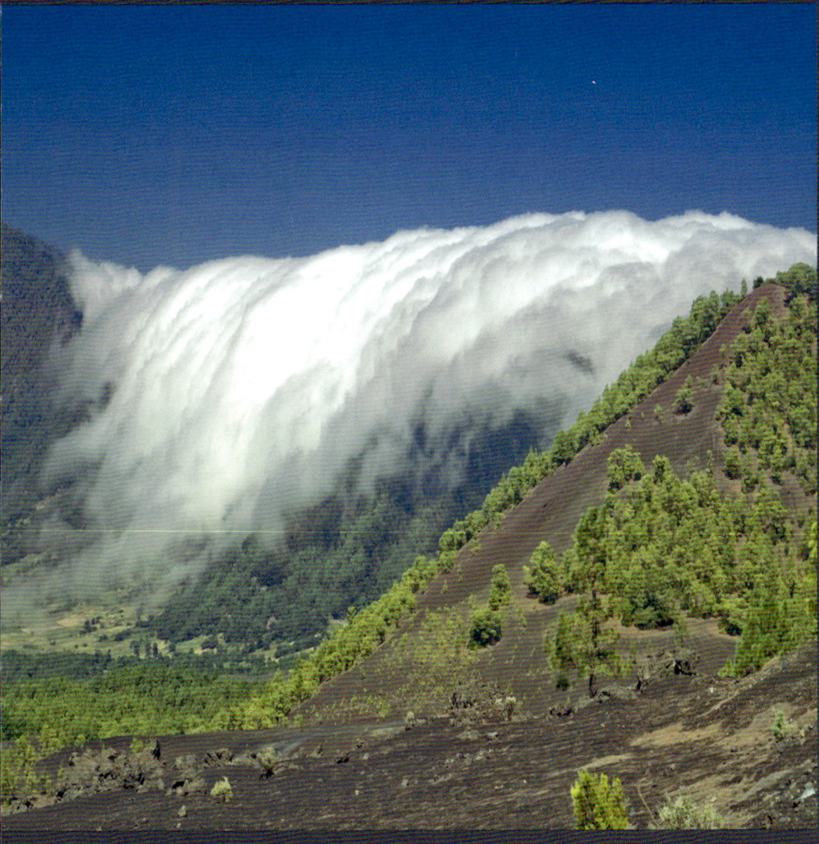

50 mm / f8 / 1/250 s / ISO 200

Schärfe von vorne bis hinten

1 Die Idee des Bildes

An diesem Landschaftsabschnitt war der Verlauf des Ufers durch Steine, bunte Algen, schroffe Felsen und durch das Fischerboot so interessant und abwechslungsreich, dass wir auf dem Foto eine durchgehende Schärfe von vorne bis hinten haben wollten. Bei Landschaftsaufnahmen erreichen Sie dies, indem Sie im ersten Drittel des Bildausschnittes scharf stellen und einen mittleren Blendenwert wählen. Legen Sie also das einzelne Autofokusfeld, mit dem Sie fokussieren, etwa ins erste Drittel des Bildes.

2 Sie brauchen

- z. B. Normalobjektiv 50 mm
- gegebenenfalls ein Stativ

3 Umsetzung

1. Wählen Sie für die Belichtung Av/A.
2. Stellen Sie eine Blende von etwa *f*11 oder *f*16 ein.
3. Gehen Sie leicht in die Hocke, damit die Steine, die direkt vor Ihren Füßen liegen, größer erscheinen und stärker ins Bild rücken.
4. Legen Sie das Einzelfokusfeld ins erste Drittel des Bildausschnitts.
5. Lösen Sie aus.
6. Kontrollieren Sie, ob die Belichtung des Motivs in Ordnung ist.
7. Korrigieren Sie ggf. die Belichtung mit der Taste +/– und lösen Sie noch einmal aus.

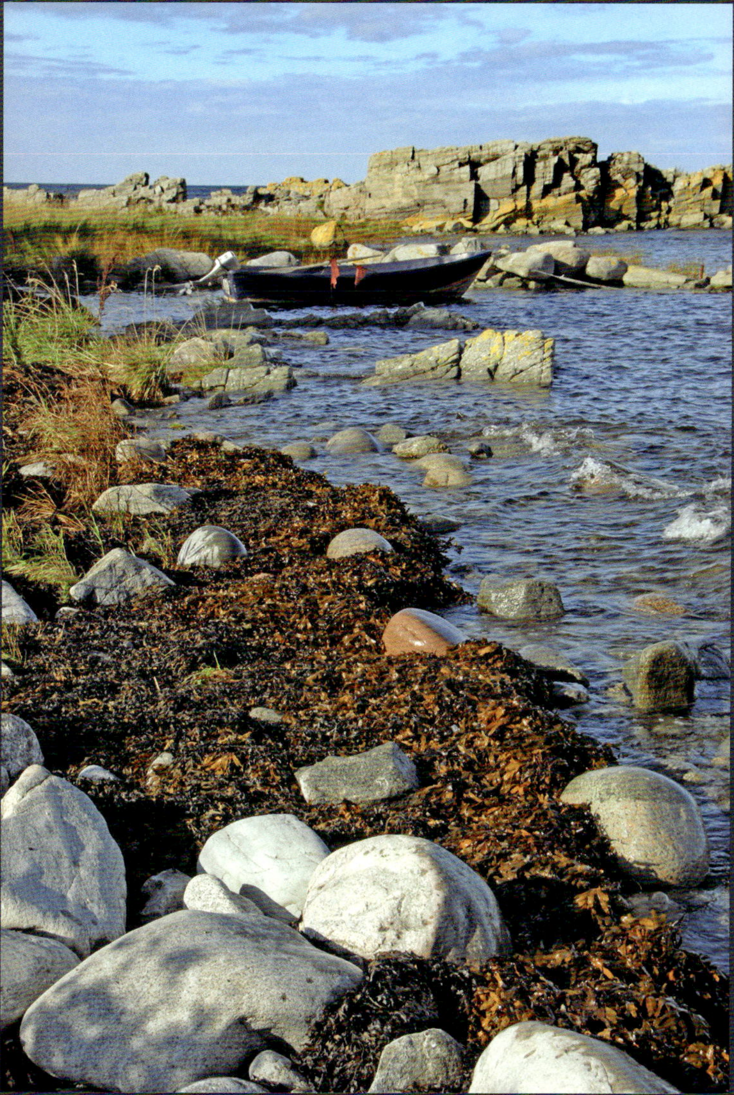

50 mm / f16 / 1/60 s / ISO 200

Unendliche Weite des Strandes

1 Die Idee des Bildes

Was an diesem Strand am meisten beeindruckt, ist seine Weite mit den Dünen am Horizont. Dies galt es fotografisch einfangen. Dazu ist es sehr gut, den Strand im Querformat mit Weitwinkel aufzunehmen, damit viel auf das Bild passt. Wenn möglich nehmen Sie ein Element mit in den Vordergrund hinein, sodass das Bild Tiefe und den Eindruck von Räumlichkeit bekommt.

2 Sie brauchen

- z. B. Weitwinkelobjektiv 18 – 55 mm

3 Umsetzung

1. Wählen Sie für die Belichtung Av/A.
2. Stellen Sie eine Blende von etwa ƒ11 ein.
3. Legen Sie das Einzelfokusfeld weit nach vorne im Bildausschnitt, damit auch Dünengras und Sand im Vordergrund scharf werden.
4. Lösen Sie aus.
5. Kontrollieren Sie, ob die Belichtung des Motivs in Ordnung ist.
6. Korrigieren Sie gegebenenfalls die Belichtung mit der Taste +/– und lösen Sie noch einmal aus.

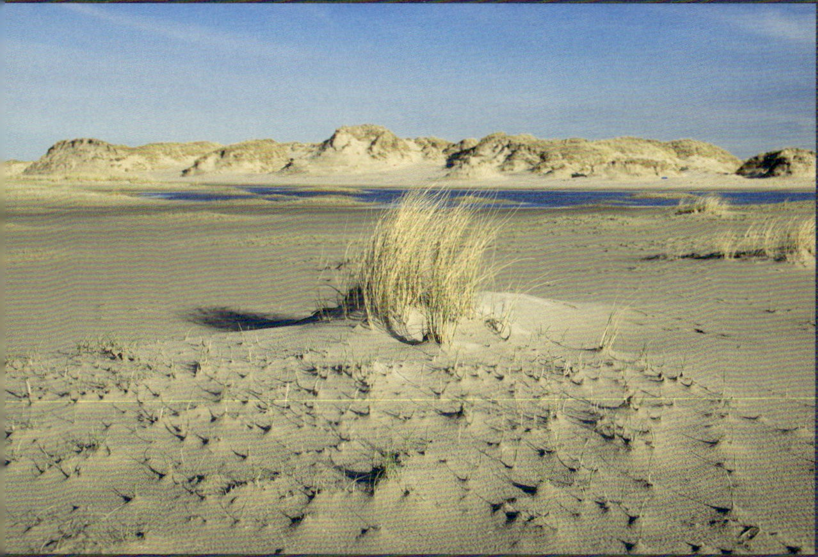

40 mm / f11 / 1/500 s / ISO 200

Auf Muschelfang

1 Die Idee des Bildes

Am Spülsaum eines Strandes kann man häufig Möwen dabei beobachten, wie sie aus den auflaufenden Wellen kleine Krebse oder Muscheln herausfischen. Sie können versuchen, dies fotografisch festzuhalten. Die schon tief stehende Nachmittagssonne sorgte bei unserem Foto für geeignetes Licht, sodass auch die Muschel im Schnabel der Möwe gut erkennbar ist.

2 Sie brauchen

- z. B. Teleobjektiv 70 – 300 mm
- Möwen

3 Umsetzung

1. Wählen Sie für die Belichtung Av/A.
2. Stellen Sie eine weit geöffnete Blende ein, z. B. ƒ5,6.
3. Die daraus resultierende Zeit sollte mindestens 1/500 s oder kürzer sein.
4. Wählen Sie den Autofokus, der die Schärfe nachführt: AI Servo/AF-C.
5. Fokussieren Sie mit einem einzelnen Autofokusfeld.
6. Beobachten Sie die Möwe.
7. Versuchen Sie, die Möwe so ins Bild zu setzen, dass sie in Laufrichtung genügend Platz hat.
8. Lösen Sie aus.
9. Kontrollieren Sie, ob die Belichtung des Motivs in Ordnung ist.
10. Korrigieren Sie ggf. die Belichtung mit der Taste +/– auf –1 und lösen Sie noch einmal aus.

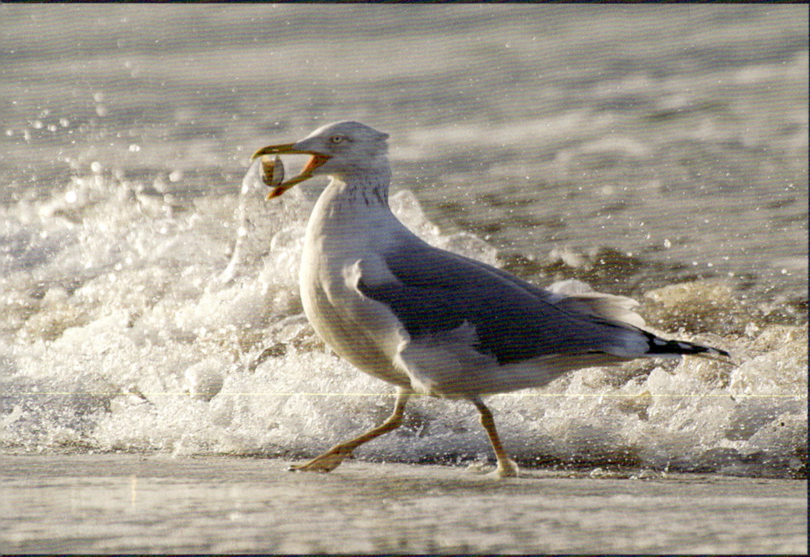

300 mm / f6,3 / 1/1250 s / ISO 400

Wilder Naturstrand

1 Die Idee des Bildes

Wenn Sie das Glück haben, auf Ihrer Reise an einen echten Naturstrand zu kommen, sollten Sie diesen unbedingt fotografieren. Wer Strand sonst nur aufgeräumt und mit Strandkörben bestückt kennt, wird überrascht sein, Ihre Fotos zu sehen. Auf den Fotos sollte das Charakteristische des Naturstrandes zum Ausdruck kommen, etwa eine durch Sandbänke geschwungene Wasserlinie oder Bäume im Strandbereich. Eine spannungsreiche Lichtsituation, etwa kurz vor einem Gewitter, macht das Bild dann noch aufregender. Das Motiv bestimmt hier Ihre Entscheidung, ob Sie Hoch- oder Querformat nehmen.

2 Sie brauchen

- z. B. Weitwinkelobjektiv 18 – 55 mm
- Naturstrand

3 Umsetzung

1. Wählen Sie für die Belichtung Av/A.
2. Stellen Sie eine mittlere Blendenzahl ein, z. B. *f*11.
3. Fokussieren Sie mit einem einzelnen Autofokusfeld ins vordere Drittel.
4. Lösen Sie aus.
5. Kontrollieren Sie, ob die Belichtung in Ordnung ist.
6. Korrigieren Sie ggf. die Belichtung mit der Taste +/– und lösen Sie noch einmal aus.

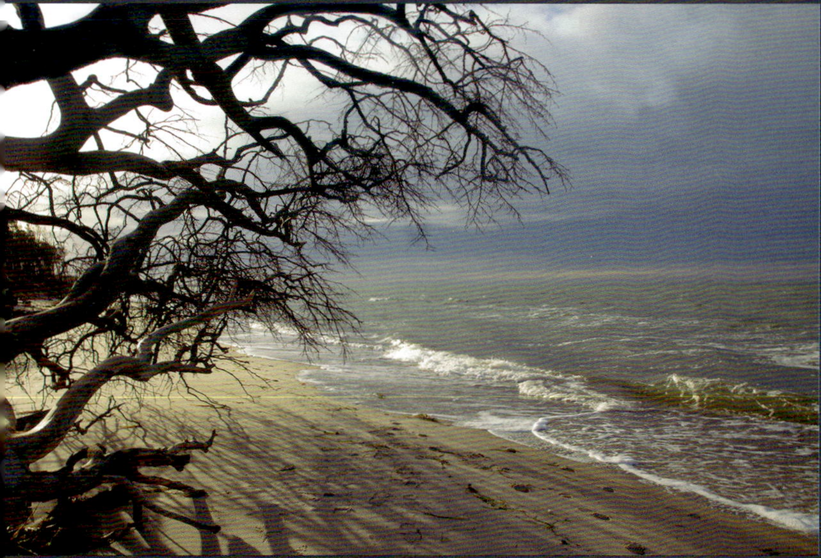

18 mm / f13 / 1/250 s / ISO 400

Wellen „einfrieren"

1 Die Idee des Bildes

Die Wildheit des Meeres spiegelt sich am stärksten in seinen Wellen wider. Besonders der Moment, in dem die Welle bricht und der Wellenkamm weiß und schäumend herunterfällt, ist fesselnd. Die Welle erscheint in verschiedenen Blautönen. Die Idee ist, genau den Moment, in dem sich die Welle bricht und das Farbspiel am schönsten ist, sie mit einer sehr kurzen Belichtungszeit einzufrieren.

2 Sie brauchen

- z. B. Teleobjektiv 70 – 300 mm
- sehr kurze Belichtungszeit von 1/1000 s oder besser 1/2000 s
- helle Lichtsituation, am besten Sonnenschein

3 Umsetzen

1. Wählen Sie für die Belichtung Av/A.
2. Stellen Sie eine Blende von etwa *f*8 oder *f*11 ein.
3. Um auf eine möglichst kurze Belichtungszeit zu kommen, stellen Sie, wenn nötig, den ISO-Wert auf 400.
4. Wählen Sie die Serienbildfunktion.
5. Wählen Sie den Autofokus, der die Schärfe nachführt: AI Servo/AF-C.
6. Beobachten Sie einige Zeit, wie die Wellen einlaufen und wann sie sich brechen, damit Sie ein Gefühl dafür bekommen, wann Sie auslösen müssen.
7. Fokussieren Sie auf eine einlaufende Welle.
8. Lösen Sie aus.
9. Kontrollieren Sie, ob die Belichtung in Ordnung ist.
10. Das Weiße der umbrechenden Welle wird oftmals zu hell, sodass eine Korrektur von –1 oder –2 nötig sein kann. Korrigieren Sie also ggf. die Belichtung mit der Taste +/–, damit Sie für die nächste Welle gut vorbereitet sind.

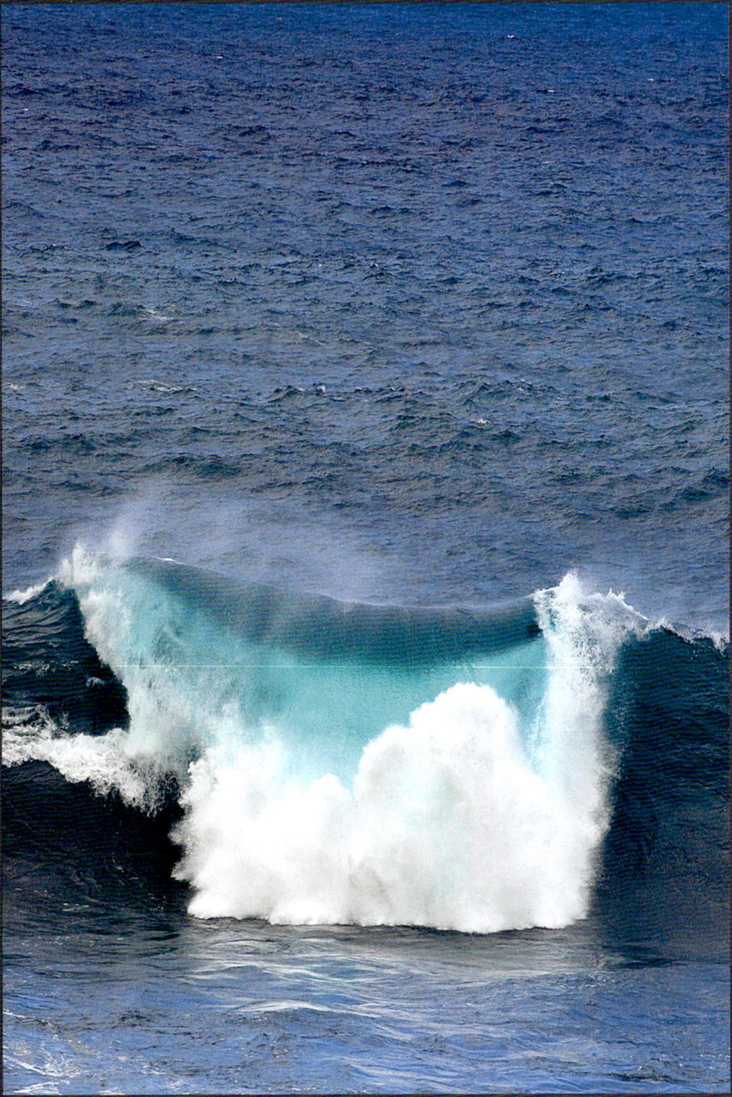

180 mm / f8 / 1/3200 s / ISO 200

Leuchtturm – scheinbar bei Nacht

1 Die Idee des Bildes

Am hellen Tag hob sich der graue Leuchtturm vom leicht bewölkten Himmel nicht sehr gut ab. Er wirkte blass und unscheinbar. Um dem Bild etwas mehr Spannung zu geben, wurde der Leuchtturm im Gegenlicht so aufgenommen, dass er nahezu schwarz erscheint, wie ein Scherenschnitt. Gleichzeitig wirken der bewölkte Himmel und die hinter dem Leuchtturm platzierte Sonne fast wie eine Nachtaufnahme.

2 Sie brauchen

- z. B. Teleobjektiv 70 – 200 mm
- geeigneten Sonnenstand

3 Umsetzung

1. Wählen Sie für die Belichtung Av/A.
2. Stellen Sie eine hohe Blendenzahl ein, z. B. f22.
3. Wählen Sie Ihren Standpunkt so, dass die Sonne hinter dem Leuchtturm verdeckt ist und nicht direkt ins Objektiv scheint.
4. Fokussieren Sie mit einem einzelnen Autofokusfeld.
5. Lösen Sie aus.
6. Kontrollieren Sie, ob die Belichtung des Motivs in Ordnung ist.
7. Korrigieren Sie ggf. die Belichtung mit der Taste +/– auf –1 oder –2, um dem Bild mehr Spannung zu geben, und lösen Sie noch einmal aus.

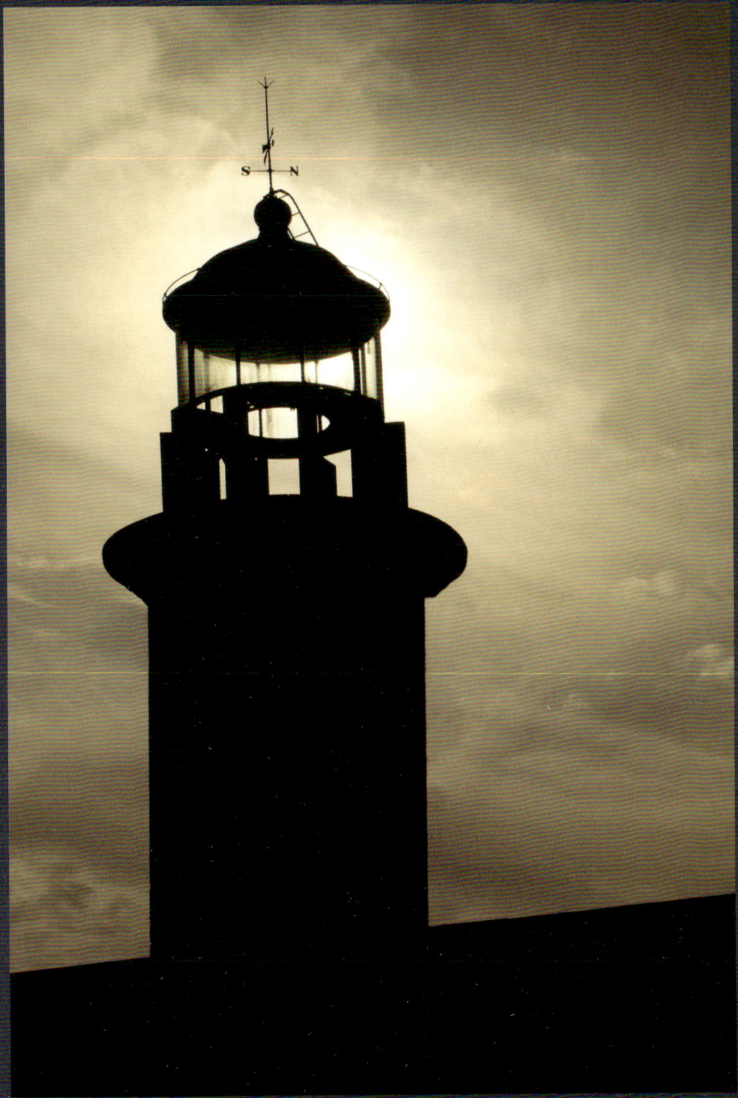

70 mm / ƒ22 / 1/3200 s / ISO 200

Horizont dreimal anders

1 Die Idee des Bildes

Viele stellen sich am Meer die Frage, wo sie auf ihren Fotos den Horizont platzieren sollen. Kurze Antwort: Das ist bei jedem Foto anders. Was gerade interessanter wirkt – ein aufgewühltes Meer oder ein wolkenreicher Himmel – dem sollte mehr Raum gegeben werden. Wenn Meer und Himmel aber in etwa gleich wirken, wird es schwieriger. Die drei Bilder rechts verdeutlichen Ihnen, wie unterschiedlich es ausfällt, wenn man die Boote, die hier die Horizontlinie bilden, mal weiter oben, dann weiter unten oder in der Bildmitte platziert.

2 Sie brauchen

- z. B. Teleobjektiv 70 – 200 mm
- glattes Meer mit Booten

3 Umsetzung

1. Wählen Sie für die Belichtung Av/A.
2. Stellen Sie eine mittlere Blendenzahl ein z. B. *f*8 oder *f*11.
3. Fokussieren Sie mit einem einzelnen Autofokusfeld auf die Boote am Horizont.
4. Lösen Sie aus.
5. Kontrollieren Sie, ob die Belichtung in Ordnung ist.
6. Korrigieren Sie ggf. die Belichtung mit der Taste +/– und lösen Sie noch einmal aus.

170 mm / f11 / 1/500 s / ISO 400

Kräftige Farben

1 Die Idee des Bildes

Auch wenn man schon unzählige Sonnenuntergänge fotografiert hat – sie sind immer wieder aufs Neue berührend. Bei diesem Sonnenuntergang sind es besonders die durch die Wolkenbildung entstandenen Farben, die stark wirken. Damit die Farben auf dem Foto so kräftig sind, muss die Sonne schon recht niedrig stehen, und Sie müssen mit der Belichtungskorrektur die Aufnahme meistens unterbelichten. Denken Sie daran, ein Stativ zu verwenden, da sich die Belichtungszeiten beim schwindenden Licht schnell verlängern.

2 Sie brauchen

- z. B. Teleobjektiv 70 – 300 mm
- Stativ
- Selbstauslöser an der Kamera oder Fernauslöser

3 Umsetzung

1. Wählen Sie für die Belichtung Av/A.
2. Stellen Sie eine mittlere Blendenzahl ein, z. B. *f*8 oder *f*11.
3. Wenn möglich, wählen Sie Ihren Standort so, dass ein zweites Motiv (z. B. Holzbuhnen) im Vordergrund steht.
4. Stellen Sie Ihre Kamera auf das Stativ.
5. Bildstabilisator ausschalten.
6. Spiegelvorauslösung einschalten.
7. Selbstauslöser oder Fernauslöser verwenden.
8. Fokussieren Sie mit einem einzelnen Autofokusfeld auf das Motiv im Vordergrund.
9. Lösen Sie aus.
10. Kontrollieren Sie, ob die Belichtung des Motivs in Ordnung ist.
11. Korrigieren Sie ggf. die Belichtung mit der Taste +/– auf –1, damit die Farben kräftiger erscheinen, und lösen Sie noch einmal aus.

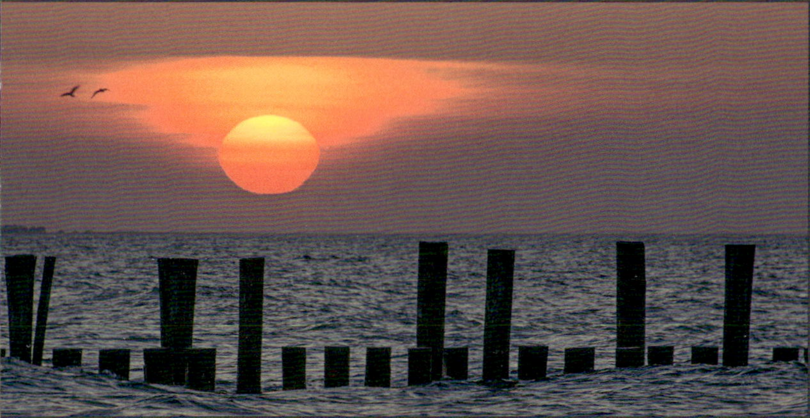

270 mm / f11 / 1/60 s / ISO 100

Sonnenuntergang mit Palme

1 Die Idee des Bildes

Es ist fast schon ein Klischee: Sonnenuntergang am Meer mit Palme im Vordergrund. Bei diesen Lichtverhältnissen, nämlich Gegenlicht, werden Sie in die Abbildung der Palme keine Detailzeichnung mehr hineinbekommen. Sie können also keine Strukturen oder Farben in Stamm und Blättern erkennen. Das ist aber nicht weiter schlimm, denn die Palme ist allein schon durch ihre charakteristische Form gut erkennbar. Bei diesem Motiv und dieser Lichtsituation haben wir auf das Stativ verzichtet, da die resultierende Belichtungszeit 1/2500 s betrug.

2 Sie brauchen

- z. B. Normalobjektiv 50 mm
- Selbstauslöser oder Fernauslöser

3 Umsetzung

1. Wählen Sie für die Belichtung Av/A.
2. Stellen Sie eine mittlere Blendenzahl ein, z. B. *f*8 oder *f*11.
3. Stellen Sie Ihre Kamera auf das Stativ.
4. Fokussieren Sie mit einem einzelnen Autofokusfeld auf die Palme.
5. Lösen Sie aus.
6. Kontrollieren Sie die Belichtung.
7. Korrigieren Sie ggf. die Belichtung mit der Taste +/– auf –1, damit die Palme noch dunkler wirkt und die Sonne im Hintergrund das Bild nicht überstrahlt.
8. Lösen Sie noch einmal aus.

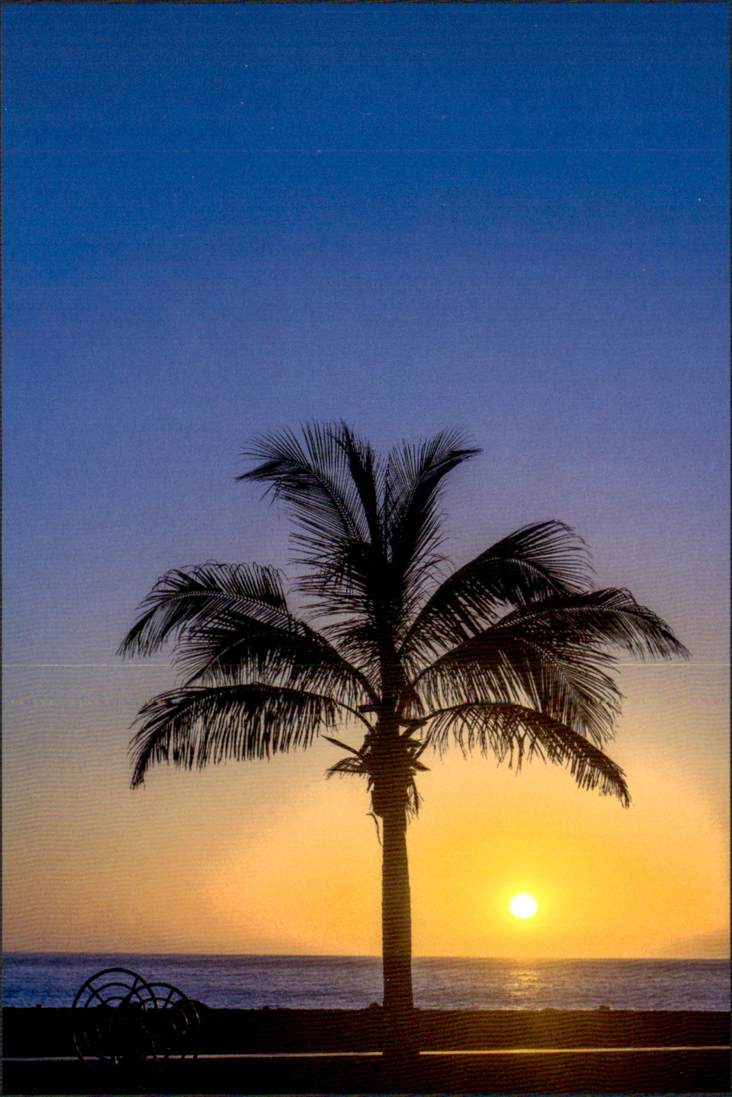

50 mm / f8 / 1/2500 s / ISO 200

Sonnenaufgänge

1 Die Idee des Bildes

Sonnenuntergänge werden oft fotografiert, Sonnenaufgänge seltener. Aber es lohnt sich, früh aufzustehen, denn die Farben des Morgenhimmels sind unvergleichlich und meist lieblicher als am Abend. Es heißt jedoch, schnell zu sein, denn im Vergleich zum Sonnenuntergang verläuft der Aufgang schneller. Sie haben nur eine kurze Phase, in der die Sonne noch nicht überstrahlt und Motive im Vordergrund noch Zeichnung und Farbe haben. Die Bewegungsunschärfe der Fahne im Vordergrund erreichen Sie durch eine etwas längere Belichtungszeit.

2 Sie brauchen

- z. B. Teleobjektiv 70 – 200 mm
- Stativ

3 Umsetzung

1. Stellen Sie Ihre Kamera auf das Stativ.
2. Schalten Sie den Bildstabilisator aus.
3. Wählen Sie für die Belichtung Tv/S.
4. Stellen Sie ca. 1 s Belichtungszeit ein. Je nach Stärke der Bewegung sollte die Zeit etwas variieren.
5. Fokussieren Sie mit einem einzelnen Autofokusfeld.
6. Lösen Sie mittels Selbstauslöser oder Fernauslöser aus.
7. Kontrollieren Sie, ob die Belichtung in Ordnung ist.
8. Korrigieren Sie ggf. die Belichtung mit der Taste +/– und lösen Sie noch einmal aus.

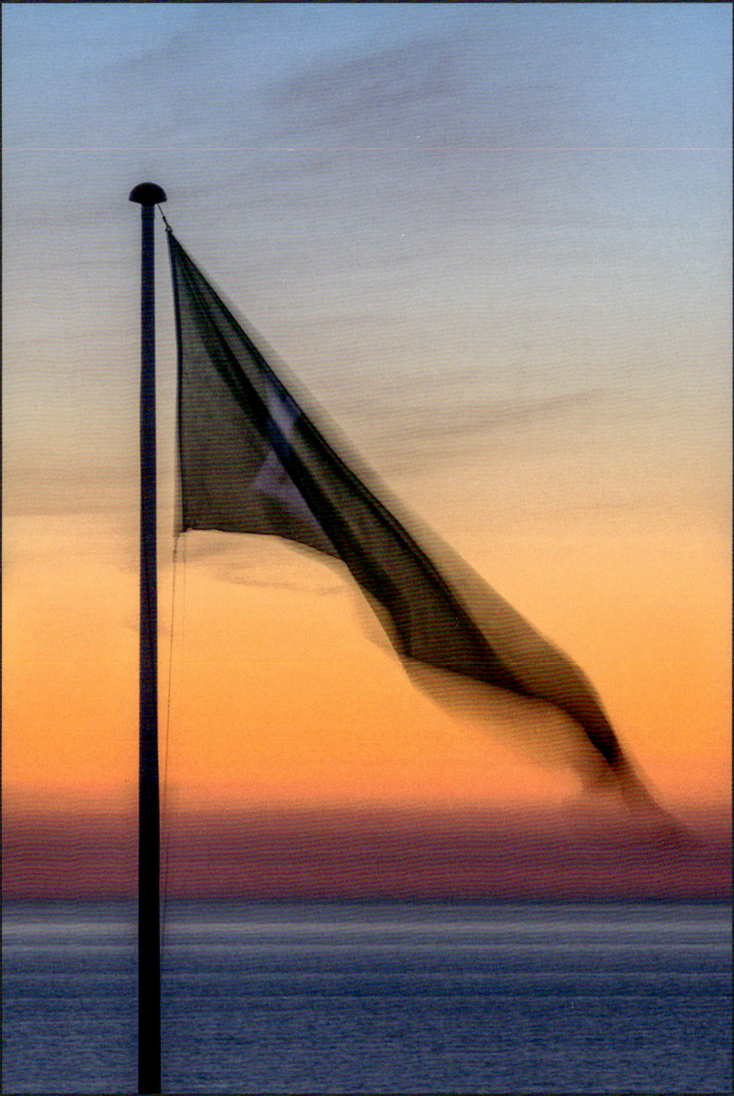

150 mm / f11 / 1/2 s / ISO 200

Einladung zum Waldspaziergang

1 Die Idee des Bildes

Nicht immer ist es einfach, einen Wald hell und zum Spaziergang einladend abzulichten. Der Waldweg auf dem Foto verlief parallel zum Waldrand, sodass ausreichend Licht auf die Bäume fallen konnte, um den Wald hell und einladend erscheinen zu lassen. Gleichzeitig formt das einfallende Licht sehr schön die Rundung der Stämme und gibt ihnen Form und Dreidimensionalität. Dies zusammen mit dem in den Wald hineinführenden Weg erscheint wie eine Einladung zum Waldspaziergang.

2 Sie brauchen

- z. B. Teleobjektiv 70 – 200 mm
- geeignete Lichtsituation mit einfallendem Licht
- ggf. Stativ

3 Umsetzung

1. Wählen Sie für die Belichtung Av/A.
2. Stellen Sie eine mittlere Blendenzahl ein, z. B. *f*11 oder *f*16.
3. Kontrollieren Sie, ob Sie die von der Kamera gegebene Zeit noch aus der Hand halten können oder ob Sie ein Stativ benötigen.
4. Wenn kein Stativ vorhanden, öffnen Sie die Blende, z. B. auf *f*8 und erhöhen den ISO-Wert auf 400.
5. Fokussieren Sie mit einem einzelnen Autofokusfeld einen der Bäume im vorderen Bildausschnitt.
6. Lösen Sie aus.
7. Kontrollieren Sie, ob die Belichtung des Motivs in Ordnung ist.
8. Korrigieren Sie ggf. die Belichtung mit der Taste +/– und lösen Sie noch einmal aus.

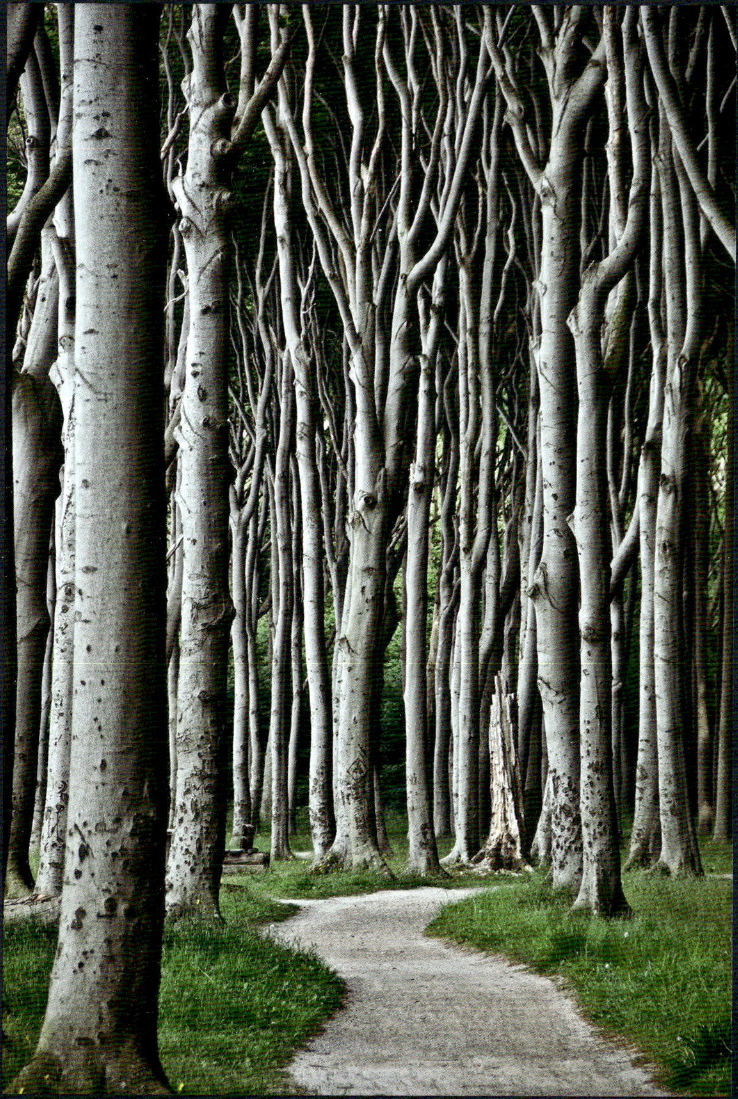

130 mm / ƒ8 / 1/100 s / ISO 400

Wald mal abstrakt

1 Die Idee des Bildes

Waldaufnahmen gibt es viele, meist konventionell mit einem oder mehreren Bäumen, immer konkret erkennbar. Um den Wald einmal etwas anders und abstrakt darzustellen, haben wir mit einer langen Belichtungszeit und dem Bewegen der Kamera während der Belichtung gearbeitet. Das Ergebnis ist eine fast wie ein Gemälde wirkende Darstellung des Waldes.

2 Sie brauchen

- z. B. Weitwinkelobjektiv 18 – 55 mm
- eine etwas längere Belichtungszeit, z. B. 1/10 s.

3 Umsetzung

1. Wählen Sie für die Belichtung Tv/S.
2. Stellen Sie eine Zeit von etwa 1/10 s ein.
3. Lösen Sie aus und kippen Sie während des Belichtens die Kamera aus dem Handgelenk heraus leicht nach oben.
4. Kontrollieren Sie das Ergebnis. Manchmal muss man ein paar Mal üben, bevor das gewünschte Bildergebnis erreicht wird, denn es ist völlig ungewohnt, beim Belichten die Kamera zu bewegen.
5. Kontrollieren Sie, ob die Belichtung des Motivs in Ordnung ist. Korrigieren Sie ggf. die Belichtung mit der Taste +/– und lösen Sie noch einmal aus.

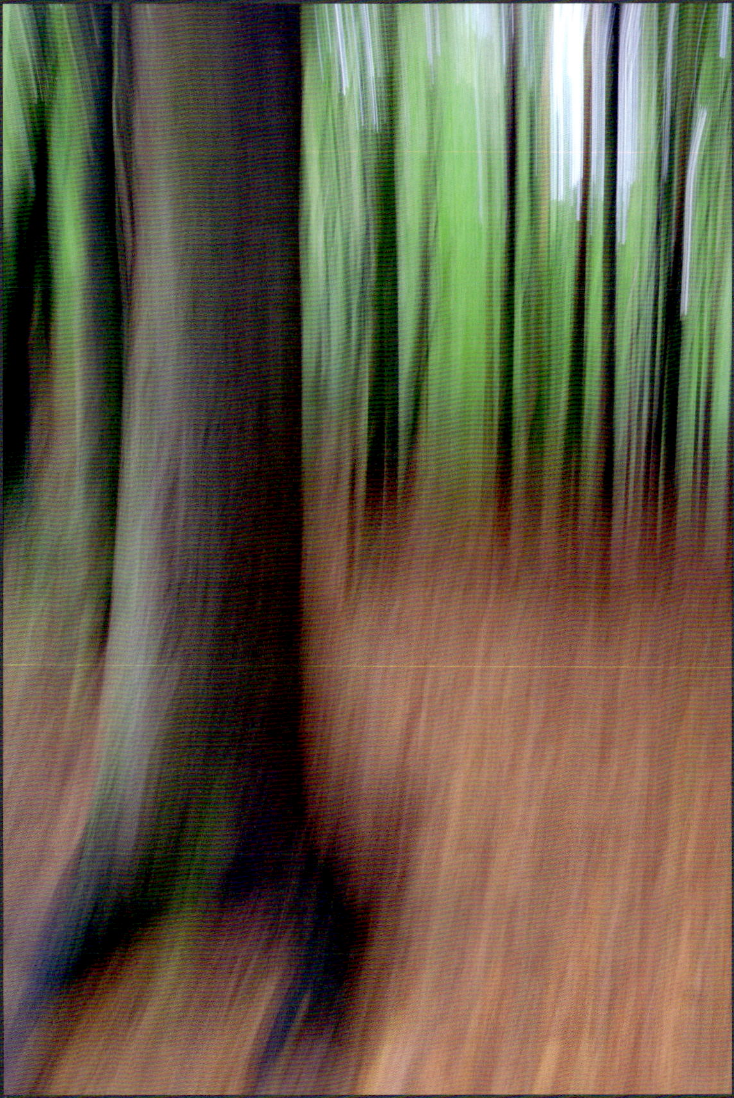

18 mm / f16 / 1/10 s / ISO 400

Eine etwas andere Perspektive

1 Die Idee des Bildes

Falls Sie einen einzelnen Baum mal etwas anders als gewohnt fotografieren möchten, kommt es vor allem auf die Perspektive an. Wenn Sie ganz nahe an den Stamm herangehen und die Kamera während des Fotografierens gegen den Baumstamm drücken, haben Sie nicht nur eine ungewohnte Sehweise eingefangen, sondern können auch ohne Stativ noch mit etwas längeren Belichtungszeiten aus der Hand fotografieren.

2 Sie brauchen

- z. B. Weitwinkelobjektiv 18 – 55 mm
- einen dicht belaubten Baum, damit keine großen hellen, unbelaubten Stellen auf dem Foto sind.

3 Umsetzung

1. Wählen Sie für die Belichtung Av/A.
2. Stellen Sie eine große Blendenzahl ein, z. B. *f*16.
3. Fokussieren Sie mit einem einzelnen Autofokusfeld auf das vordere Drittel des Bildausschnitts.
4. Drücken Sie die Kamera fest an den Baum.
5. Verwenden Sie den Selbstauslöser.
6. Lösen Sie aus.
7. Kontrollieren Sie, ob die Belichtung des Motivs in Ordnung ist.
8. Korrigieren Sie ggf. die Belichtung mit der Taste +/– und lösen Sie noch einmal aus.

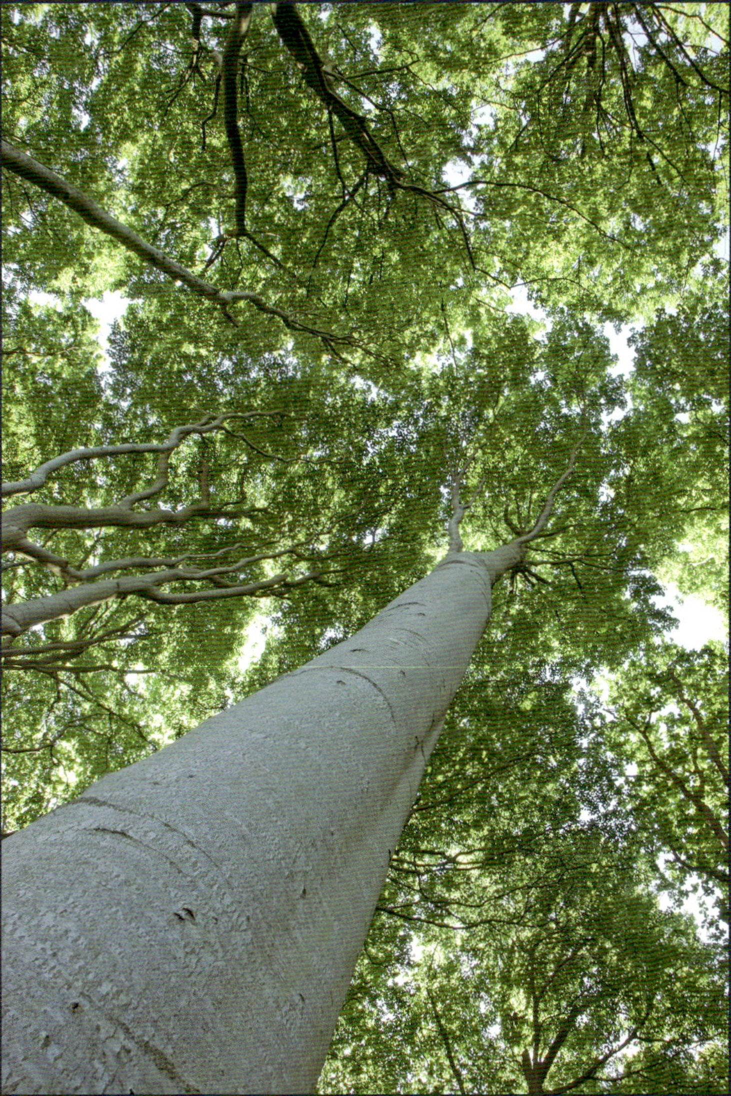

18 mm / ƒ22 / 0,4 s / ISO 100

Wasser zum Fließen bringen

1 Die Idee des Bildes

Fotos mit milchig fließendem Wasser haben Sie bestimmt schon gesehen. Um einen Bach auf diese Weise darzustellen, benötigt man eine lange Belichtungszeit. Möchten Sie die Aufnahme bei Tag machen, muss der Bach in einem sehr schattigen Bereich liegen, um auf eine Belichtungszeit von mehreren Sekunden zu kommen. Ist dies nicht der Fall, benötigen Sie einen Graufilter oder einen Polfilter zum Licht schlucken, oder Sie machen die Aufnahme bei Dämmerung. In der Bildgestaltung am interessantesten wird das Foto, wenn Sie als Kontrast zum fließenden Wasser ein anderes, unbewegtes Element mit in den Bildausschnitt einbeziehen, z. B. einen Stein oder eine Brücke. So wird der Effekt des fließenden Wassers stärker betont.

2 Sie brauchen

- z. B. Teleobjektiv 70 – 300 mm
- Stativ
- ggf. einen Graufilter oder einen Polfilter
- als Motiv einen schnell fließenden Bach, stark beschattet

3 Umsetzung

1. Wählen Sie für die Belichtung Av/A.
2. Stellen Sie die Kamera auf das Stativ.
3. Schalten Sie den Bildstabilisator aus.
4. Stellen Sie eine sehr hohe Blendenzahl ein, z. B. f22 oder f32.
5. Stellen Sie den ISO-Wert so niedrig wie möglich, z. B. ISO 100 oder 200.
6. Die daraus resultierende Zeit sollte mindestens 1 s lang sein.

7. Sollte das nicht der Fall sein, benötigen Sie einen Graufilter oder einen Polfilter, oder machen Sie die Aufnahme einfach etwas später zur Dämmerung.
8. Falls Sie einen Graufilter einsetzen, denken Sie daran, zu fokussieren, bevor Sie den Filter aufschrauben, da dies durch den Graufilter oftmals nicht möglich ist.
9. Fokussieren Sie mit einem einzelnen Autofokusfeld auf das Motiv. Wenn Sie ohne Graufilter fotografieren, machen Sie gleich bei Schritt 12 weiter.
10. Schrauben Sie den Filter auf das Objektiv.
11. Stellen Sie am Objektiv den Schalter von „Autofokus" AF auf „Manueller Fokus" MF, da sonst beim nächsten Antippen des Auslösers der Autofokus noch einmal versuchen würde, zu fokussieren.
12. Lösen Sie mit dem Selbstauslöser oder Fernauslöser aus.
13. Kontrollieren Sie, ob die Belichtung in Ordnung ist.
14. Korrigieren Sie ggf. die Belichtung mit der Taste +/– und lösen Sie noch einmal aus.

Bildbeispiel ‚Wasser zum Fließen bringen' auf der kommenden Seite

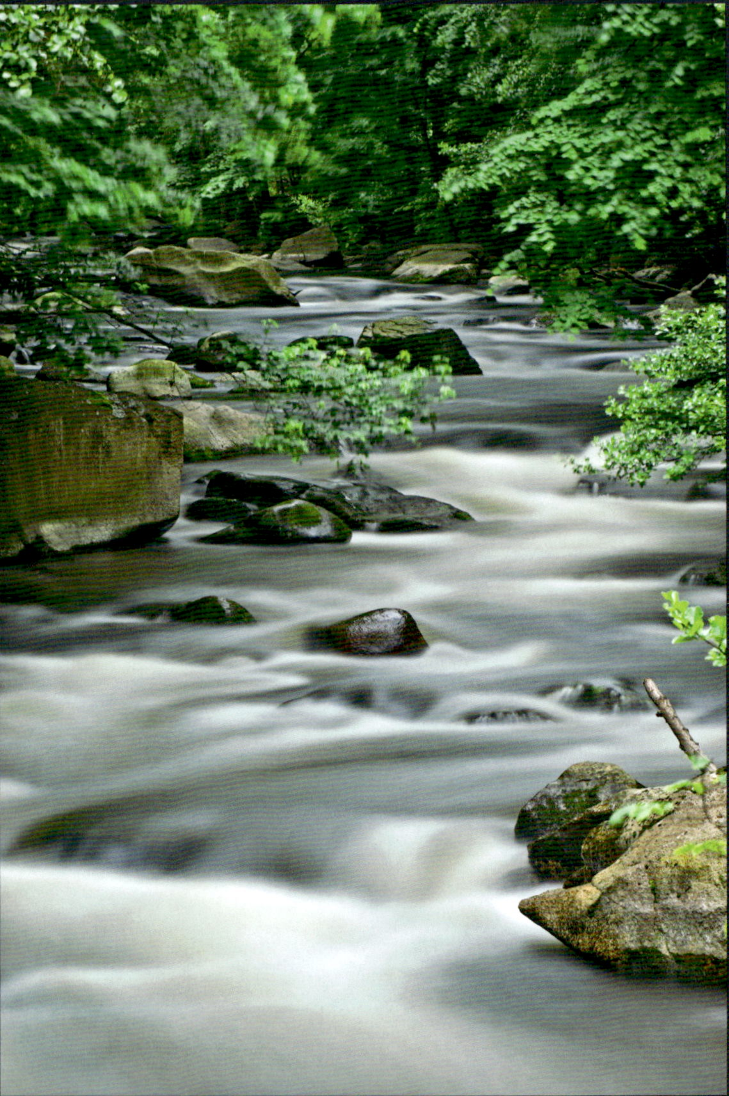

150 mm / f4 / 30 s / ISO 200

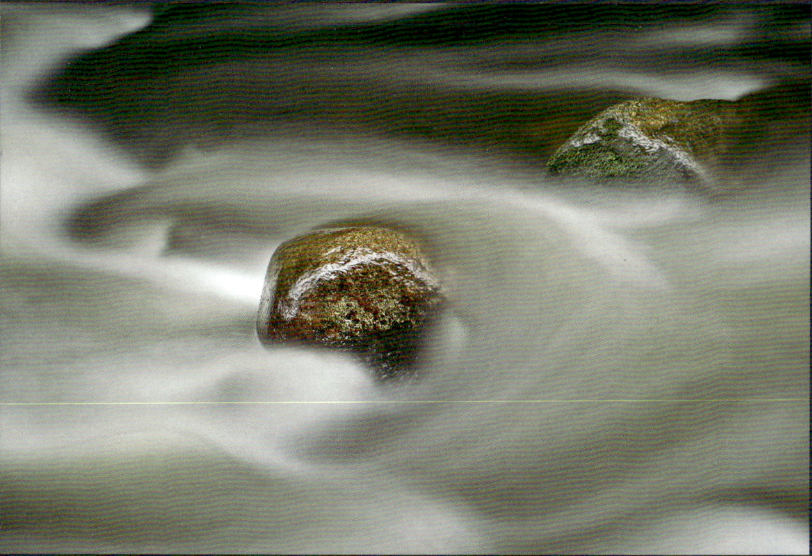

112 mm / f11 / 30 s / ISO 200

Beide Fotos: Sehr starker Graufilter, ND 3.0/1000-fach

Eis und Schnee

1 Die Idee des Bildes

Falls Sie auf Ihrer Reise die Möglichkeit haben, Eis und Schnee zu fotografieren, sollten Sie diese Chance nutzen. Fotos von Eiszapfen oder Schnee an Zweigen lassen sich am einfachsten bei diffusem Licht durch bewölkten Himmel aufnehmen. Bei Sonnenschein kann es schnell passieren, dass ein zu starker Hell-Dunkel-Kontrast zwischen den weißen Elementen und der Umgebung entsteht. Damit das Wasser im Hintergrund „fließend" erscheint, haben wir eine große Blendenzahl (*f*36) gewählt, um auf eine möglichst lange Belichtungszeit zu kommen.

2 Sie brauchen

- z. B. Teleobjektiv 70 – 300 mm
- Eis und Schnee
- bewölkten Himmel
- Stativ

3 Umsetzen

1. Wählen Sie für die Belichtung Av/A.
2. Stellen Sie eine hohe Blendenzahl ein, z. B. *f*22 oder höher.
3. Fokussieren Sie mit einem einzelnen Autofokusfeld. Falls Ihr Autofokus im gewählten Bereich keinen Kontrast finden sollte, (z. B. auf einer rein weißen Fläche) und deshalb nicht fokussiert, verlegen Sie das Autofokusfeld in einen etwas anderen Bereich des Bildausschnitts und versuchen erneut zu fokussieren.
4. Lösen Sie aus.
5. Kontrollieren Sie, ob die Belichtung des Motivs in Ordnung ist.
6. Korrigieren Sie ggf. die Belichtung mit der Taste +/– und lösen Sie noch einmal aus.

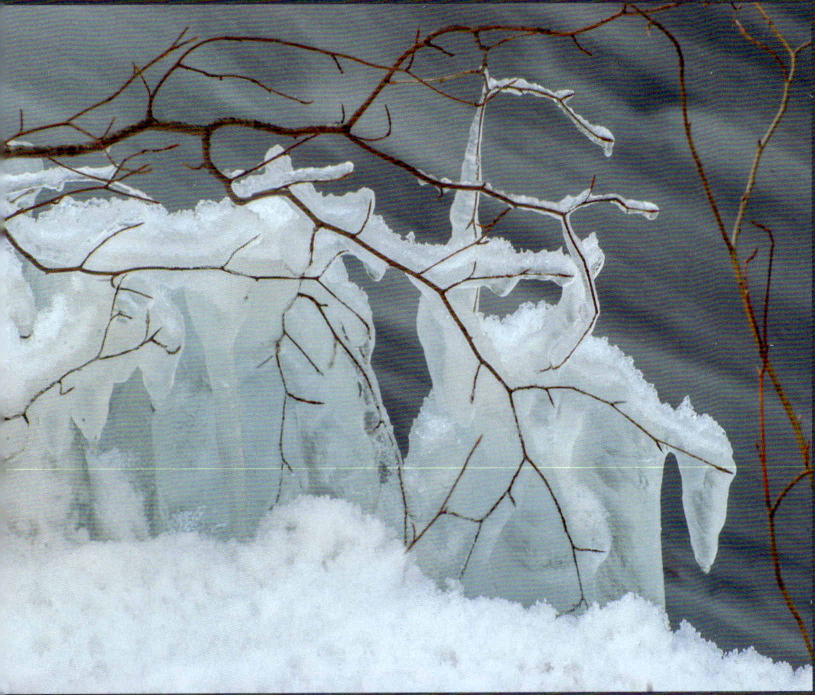

200 mm / f36 / 1/2 s / ISO 100

Wasser „einfrieren" – auch im Sommer

1 Die Idee des Bildes

Besonders dynamisch wirkt Wasser, wenn es mit einer sehr kurzen Belichtung spritzig und in seiner Bewegung erstarrt abgelichtet wird. Falls Sie unterwegs an einem Wasserfall vorbeikommen, sei er auch noch so klein, oder eine steinige Stelle im Flussbett sehen, an der das Wasser aufspritzt, nehmen Sie sich etwas Zeit, um das Wasser gefrieren zu lassen, was fotografisch auch bei Sommertemperaturen möglich ist.

2 Sie brauchen

- z. B. Normalobjektiv 50 mm
- Wasserfall
- helle Lichtsituation, z. B. Sonnenschein

3 Umsetzung

1. Wählen Sie für die Belichtung Av/A.
2. Stellen Sie eine weit geöffnete Blende ein, z. B. ƒ5,6.
3. Die daraus resultierende Zeit sollte etwa 1/2000 s oder kürzer sein.
4. Sollte das nicht der Fall sein, öffnen Sie, wenn es möglich ist, die Blende weiter z. B. auf ƒ4 oder ƒ2,8 oder stellen den ISO-Wert auf 400.
5. Fokussieren Sie mit einem einzelnen Autofokusfeld.
6. Lösen Sie aus.
7. Kontrollieren Sie, ob die Belichtung des Motivs in Ordnung ist. Es kann sein, dass der Schaum des Wassers zu weiß erscheint und Sie mit der Taste +/– in Richtung „minus" korrigieren müssen.
8. Korrigieren Sie ggf. die Belichtung mit der Taste +/– auf –1 oder –2 und lösen Sie noch einmal aus. In den hellen Stellen des Wassers sollte noch Zeichnung sein.

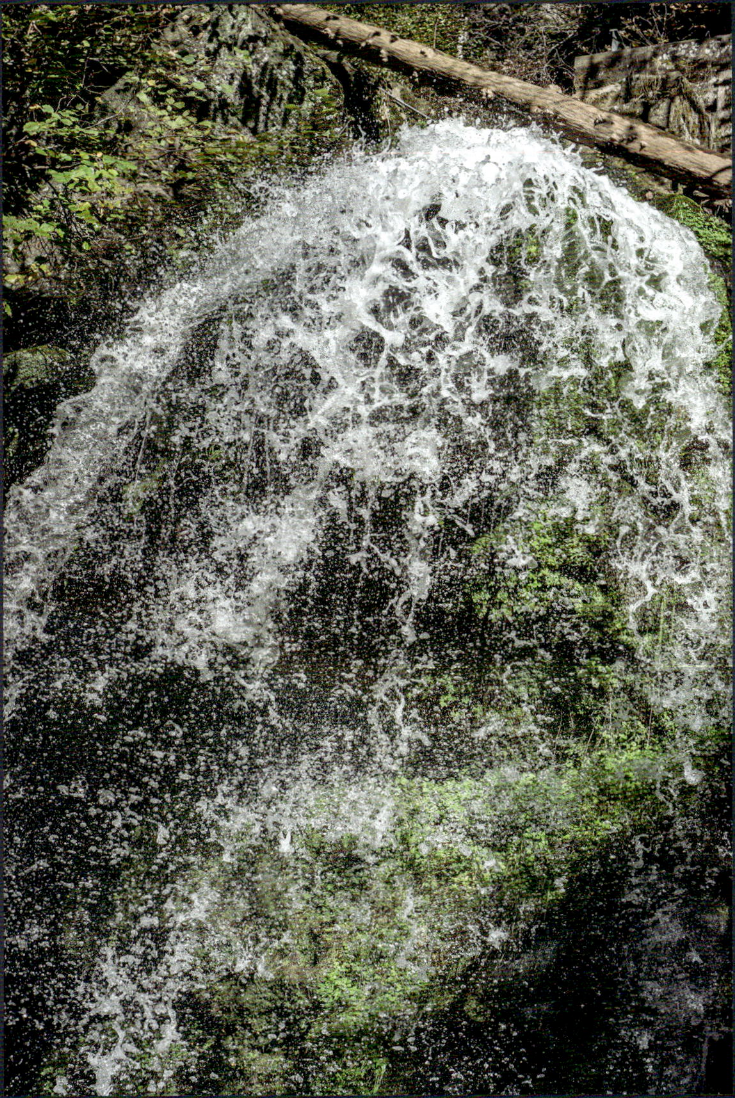

50 mm / f5,6 / 1/8000 s / ISO 200

Gebirge im Hochformat

1 Die Idee des Bildes

Nicht immer muss der horizontale Verlauf eines Gebirgszuges im Querformat dargestellt werden. Wenn ein interessanter Vordergrund vorhanden ist, können Sie auch im Gebirge durchaus das Hochformat wählen. Das Foto wurde aus einem tiefen Standpunkt im Wasser gemacht und führt den Blick über Gebirgsbach und Kiefern zum Gebirge im Hintergrund des Bildes. Es gibt einen umfassenden Längsschnitt des Gebietes wieder und bringt Räumlichkeit ins Bild.

2 Sie brauchen

- z. B. Teleobjektiv 70 – 200 mm

3 Umsetzung

1. Wählen Sie für die Belichtung Av/A.
2. Stellen Sie eine mittlere Blendenzahl ein, z. B. *f*11.
3. Nehmen Sie einen möglichst tiefen Standpunkt ein.
4. Fokussieren Sie mit einem einzelnen Autofokusfeld möglichst weit vorne im Bildausschnitt.
5. Lösen Sie aus.
6. Kontrollieren Sie, ob die Belichtung des Motivs in Ordnung ist.
7. Korrigieren Sie ggf. die Belichtung mit der Taste +/– und lösen Sie noch einmal aus.

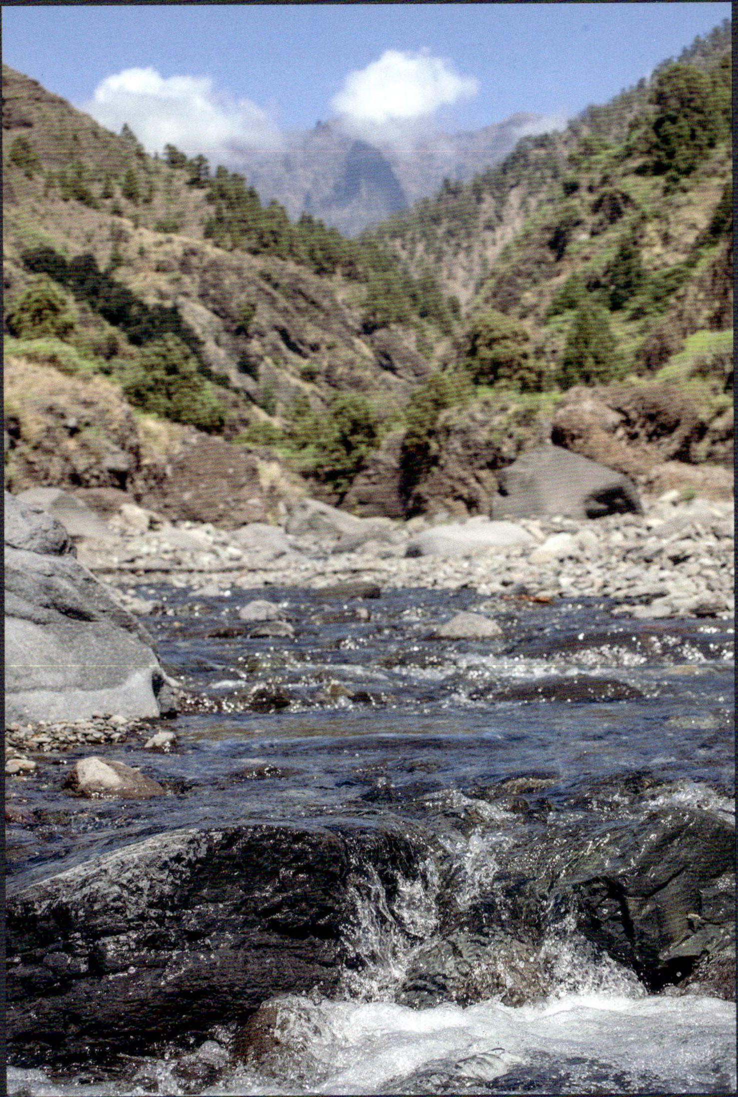

70 mm / f11 / 1/640 s / ISO 400

Leuchten durch Gegenlicht

1 Die Idee des Bildes

In dieser Felsenlandschaft leuchtet das Laub der Bäume wunderbar im Gegenlicht. Dadurch ergeben sich ein schöner Farbkontrast zwischen Laub und Felsen und eine bezaubernde Stimmung. Gegenlichtaufnahmen sind für die Kamera nicht einfach zu bewältigen. Oftmals müssen Sie sich entscheiden, was im Bild richtig belichtet sein soll und dann mit der Taste +/– nach der ersten Aufnahme korrigieren. Machen Sie ruhig zwei oder drei weitere Fotos, denn oft sieht man erst im Vergleich, was einem besser gefällt.

2 Sie brauchen

- z. B. Normalobjektiv 50 mm
- Laub, durch das von hinten Licht fällt (Gegenlicht)

3 Umsetzung

1. Wählen Sie für die Belichtung Av/A.
2. Stellen Sie eine mittlere Blendenzahl z. B. *f*8 oder *f*11 ein.
3. Legen Sie das Einzelfokusfeld auf Ihr Motiv.
4. Lösen Sie aus.
5. Kontrollieren Sie, ob die Belichtung des Motivs in Ordnung ist.
6. Korrigieren Sie ggf. die Belichtung mit der Taste +/– auf –1 und lösen noch einmal aus.
7. Wenn Sie mit der Belichtung noch nicht zufrieden sind, korrigieren Sie weiter und lösen Sie erneut aus.

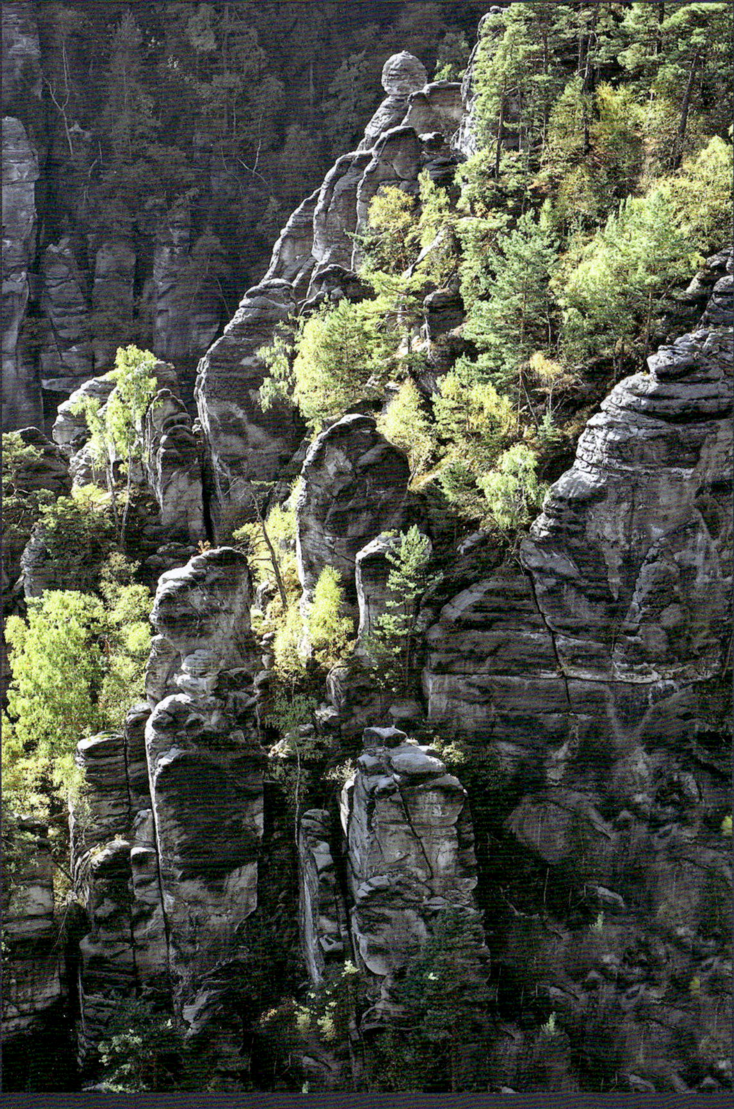

50 mm / f8 / 1/500 s / ISO 200

Felsspalte mit Baum als Scherenschnitt

1 Die Idee des Bildes

Im Gebirge hat man häufig starke Hell-Dunkel-Kontraste. Der Baum in der schattigen Felsspalte hebt sich dadurch wie ein Scherenschnitt vom hellen Himmel und den angestrahlten Felsen ab. Wenn Sie den beleuchteten Hintergrund richtig belichten, wird der Baum automatisch schwarz. Diesen Effekt kann man für die Gestaltung des Fotos nutzen und so Wuchs und Form des Baumes betonen.

2 Sie brauchen

- z. B. Normalobjektiv 50 mm

3 Umsetzung

1. Wählen Sie für die Belichtung Av/A.
2. Stellen Sie eine mittlere Blendenzahl ein, z. B. *f*8 oder *f*11.
3. Fokussieren Sie mit einem einzelnen Autofokusfeld auf den hellen Hintergrund.
4. Lösen Sie aus.
5. Kontrollieren Sie, ob die Belichtung in Ordnung ist.
6. Korrigieren Sie ggf. die Belichtung mit der Taste +/– und lösen Sie noch einmal aus.

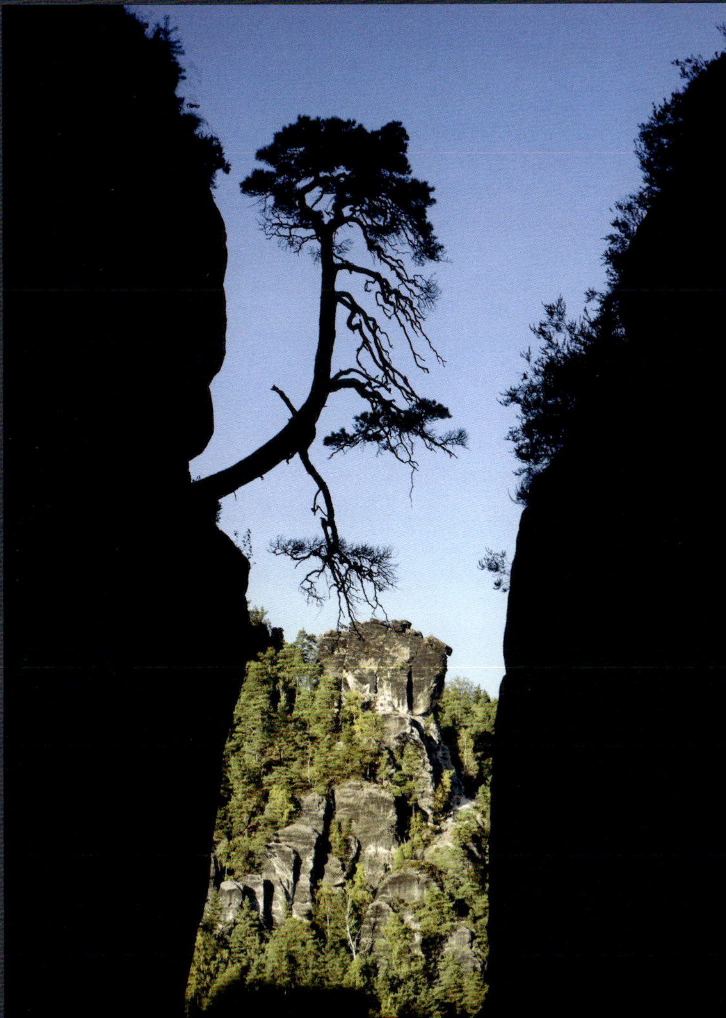

Wiese kunterbunt

1 Die Idee des Bildes

Einzelne Blumen bezaubern durch ihre individuelle Schönheit. Doch auch Blumenwiesen haben ihren Reiz. Bei dieser Wiese waren wohl ziemlich alle Farben, die es gibt, in den Blüten vertreten. Eine kunterbunte Wiese, wie man sie gar nicht mehr oft sieht.

2 Sie brauchen

- z. B. Teleobjektiv 70 – 300 mm

3 Umsetzung

1. Wählen Sie für die Belichtung Av/A.
2. Stellen Sie eine mittlere Blendenzahl ein, z. B. *f*8 oder *f*11.
3. Die daraus resultierende Zeit sollte mindestens 1/300 s kurz sein, da sich Blumen auch bei leichtem Wind immer etwas bewegen.
4. Sollten Sie diese Zeit nicht erreichen, öffnen Sie die Blende auf *f*5,6 oder stellen den ISO-Wert auf 400.
5. Fokussieren Sie mit einem einzelnen Autofokusfeld ins erste Drittel des Bildausschnitts.
6. Lösen Sie aus.
7. Kontrollieren Sie, ob die Belichtung in Ordnung ist.
8. Korrigieren Sie ggf. die Belichtung mit der Taste +/– und lösen Sie noch einmal aus.

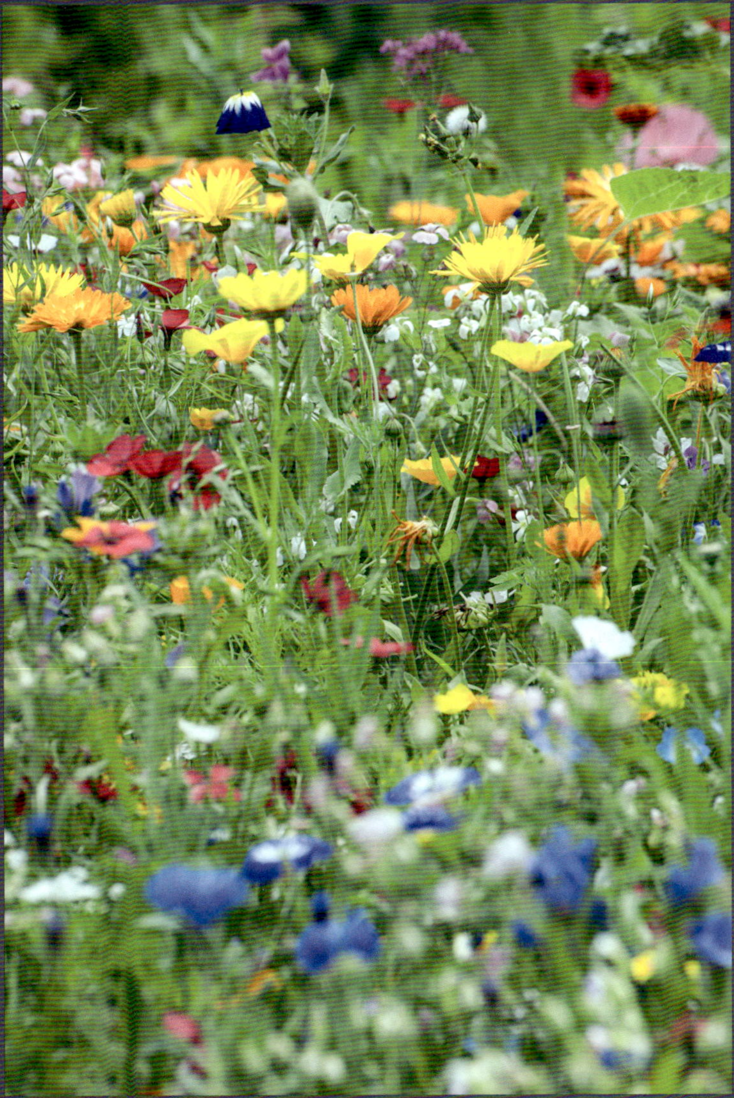

240 mm / f11 / 1/400 s / ISO 400

Freigestellte Blume

1 Die Idee des Bildes

Bei fotografisch freigestellten Blumen ist nichts da, was den Betrachter des Fotos von der Blume ablenken könnte. Die Pflanze erscheint klar und deutlich in ihrer ganzen Schönheit. Das Rezept dafür ist: Nahe heran an die Pflanze, Hintergrund weit weg und leicht geöffnete Blende, da bei weit geöffneter Blende viele Teile der Pflanze unscharf wären.

2 Sie brauchen

- z. B. Teleobjektiv 70 – 300 mm

3 Umsetzung

1. Wählen Sie einen geeigneten Standpunkt, an dem der Hintergrund von der Pflanze weit entfernt ist.
2. Wählen Sie für die Belichtung Av/A.
3. Stellen Sie eine mittlere Blendenzahl ein, z. B. *f*8.
4. Gehen Sie nahe an die Pflanze heran. Fokussieren Sie mit einem einzelnen Autofokusfeld.
5. Lösen Sie aus.
6. Kontrollieren Sie, ob die Belichtung in Ordnung ist.
7. Korrigieren Sie ggf. die Belichtung mit der Taste +/– und lösen Sie noch einmal aus.

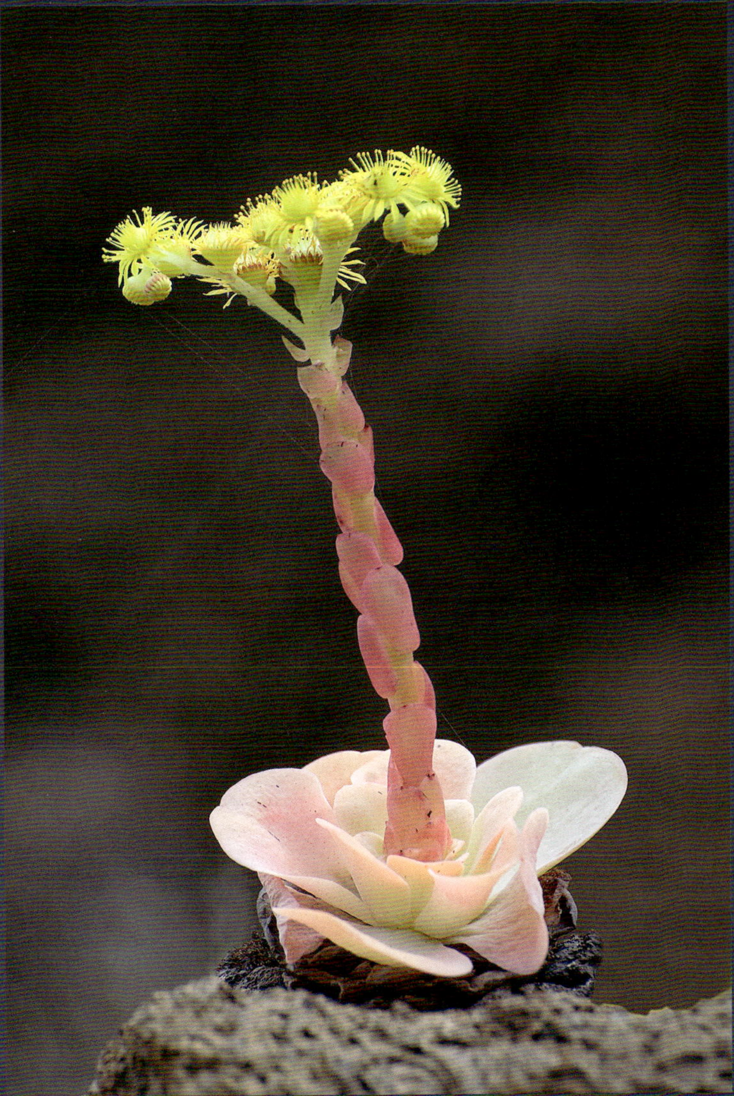

270 mm / ƒ8 / 1/640 s / ISO 400

Lupinen – frisch gezoomt

1 Die Idee des Bildes

Eine Technik, Blumen und natürlich auch viele andere Motive, kreativ zu fotografieren, bietet die Zoomtechnik. Die Blumen des Lupinenfeldes wirken hier fast wie eine Explosion von Farben. Hier begeistert die Farbdynamik, die einem beinahe aus dem Bild heraus entgegen zu springen scheint. Achtung: Bei dieser Technik brauchen Sie unbedingt ein Zoomobjektiv, da das Zoomen mit einer Festbrennweite (z. B. 50 mm) nicht möglich ist.

2 Sie brauchen

- z. B. Telezoomobjektiv 70 – 300 mm

3 Umsetzung

1. Wählen Sie für die Belichtung Tv/S.
2. Stellen Sie eine längere Belichtungszeit ein, z. B. 1/10 s.
3. Fokussieren Sie mit einem einzelnen Autofokusfeld auf eine der Blumen.
4. Während Sie am Brennweitenzoom Ihres Objektivs drehen, lösen Sie aus.
5. Kontrollieren Sie, ob Sie mit dem Ergebnis zufrieden sind. Der Zoomeffekt wird umso stärker, je schneller Sie am Brennweitenzoom während der Belichtung drehen.
6. Wenn Sie das Bild dabei zu sehr verrissen haben, stellen Sie die Kamera auf ein Stativ.
7. Kontrollieren Sie die Belichtung und korrigieren Sie diese ggf. mit der Taste +/–.
8. Lösen Sie erneut aus und drehen dabei wieder am Brennweitenzoom.

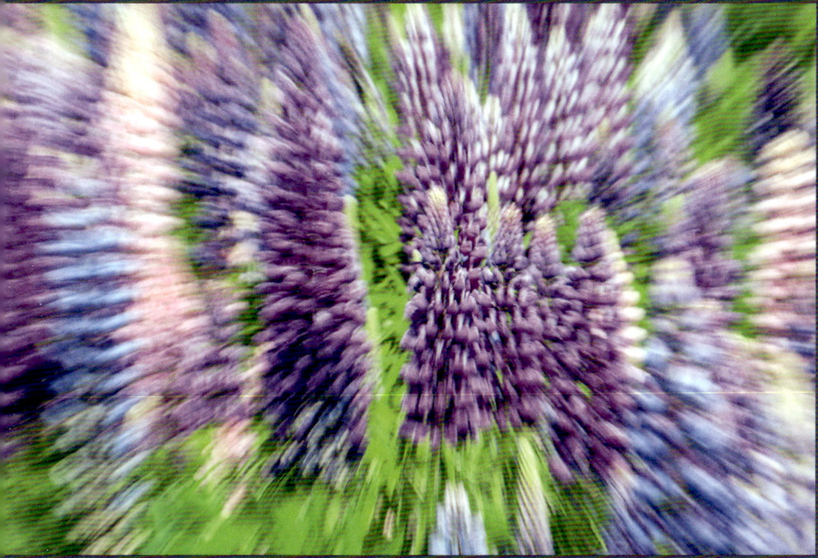

150 – 300 mm / f32 / 1/10 s / ISO 100

Aug' in Aug' mit kleinen Tieren

1 Die Idee des Bildes

Eidechsen sind recht klein. Damit sie auf dem Foto nicht noch kleiner erscheinen, sollte man zu ihnen auf Augenhöhe gehen. Das ist oftmals gar nicht so einfach. Leichter wird es, wenn die Eidechse auf einer warmen Mauer sitzt und so von vornherein einen etwas höheren Standpunkt hat. Das Foto ist in der Hocke sitzend sogar noch unterhalb der Augenhöhe der Eidechse aufgenommen worden. So wirkt sie noch etwas größer.

2 Sie brauchen

- z. B. Teleobjektiv 70 – 300 mm
- eine von der Sonne warm beschienene Mauer
- Eidechse

3 Umsetzung

1. Wählen Sie für die Belichtung Av/A.
2. Stellen Sie eine kleine Blendenzahl ein, z. B. *f*5,6.
3. Kontrollieren Sie, ob die Zeit, die Ihnen die Kamera zu der eingestellten Blende gibt, kurz genug ist, mindestens 1/300 s. Fokussieren Sie mit einem einzelnen Autofokusfeld auf die Eidechse.
4. Bewegen Sie sich langsam und verhalten Sie sich ruhig, da die Tiere sehr scheu sind.
5. Lösen Sie mehrmals aus.
6. Kontrollieren Sie vorsichtig, ob die Belichtung des Motivs in Ordnung ist.
7. Korrigieren Sie ggf. die Belichtung mit der Taste +/– und lösen Sie noch einmal aus.

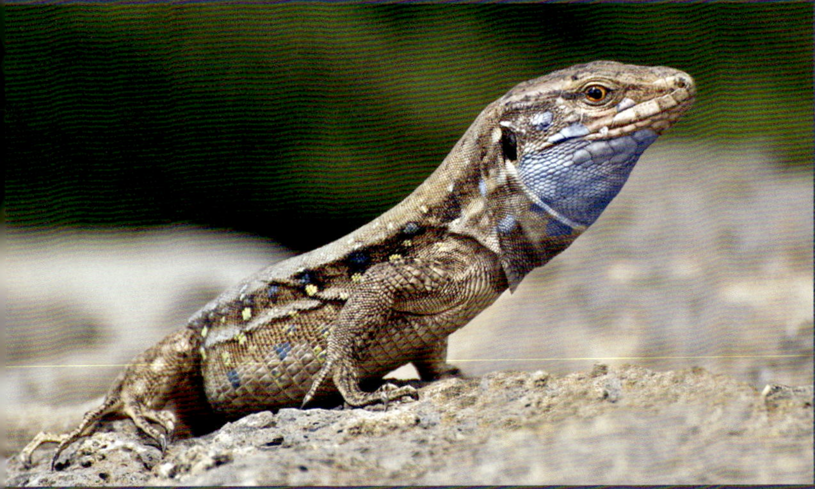

300 mm / f8 / 1/320 s / ISO 400

Atmosphäre einfangen

1 Die Idee des Bildes

Um die Atmosphäre eines Ortes zu zeigen, müssen nicht unbedingt Häuser, Straßen oder Menschen zu sehen sein. Der Hahn auf dem Foto spiegelt sehr schön die ländliche Atmosphäre des Aufnahmeortes wider.

2 Sie brauchen

- z. B. Teleobjektiv 70 – 300 mm

3 Umsetzung

1. Wählen Sie für die Belichtung Av/A.
2. Stellen Sie eine kleine Blendenzahl ein, z. B. f5,6.
3. Achten Sie bei Tieren in Bewegung auf eine möglichst kurze Belichtungszeit, z. B. 1/300 s oder kürzer.
4. Setzen Sie das Tier so ins Bild, dass in Blickrichtung des Hahns genügend Platz ist.
5. Fokussieren Sie mit einem einzelnen Autofokusfeld.
6. Beobachten und warten Sie geduldig auf einen interessanten Moment.
7. Lösen Sie mehrmals aus.
8. Kontrollieren Sie, ob die Belichtung des Motivs in Ordnung ist.
9. Korrigieren Sie ggf. die Belichtung mit der Taste +/– und lösen Sie noch einmal aus.

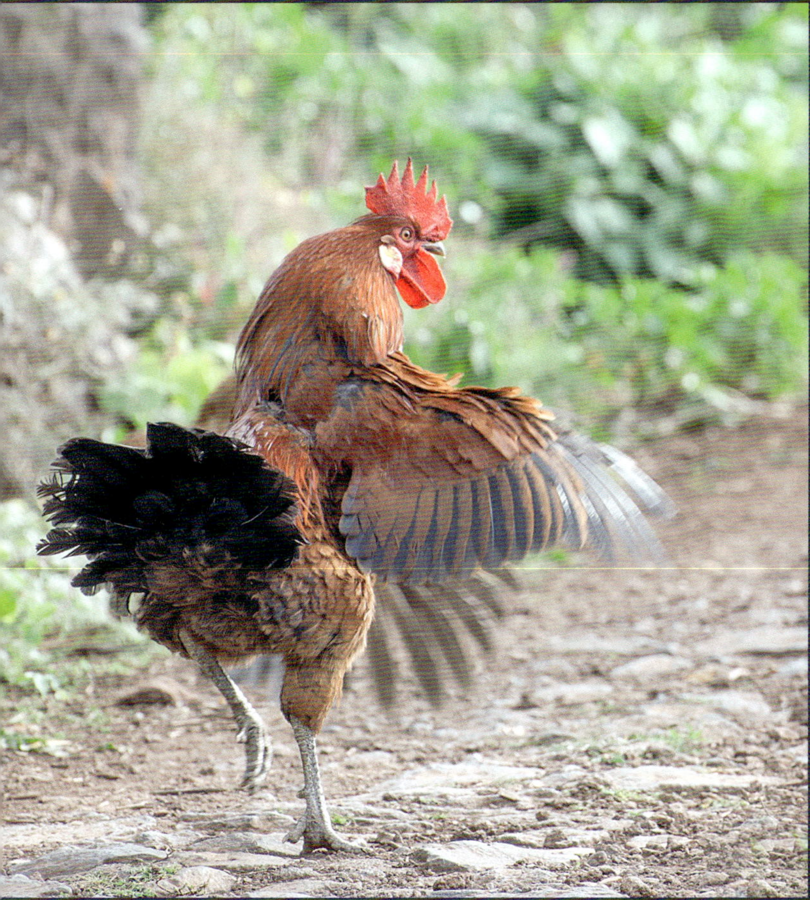

300 mm / f9 / 1/400 s / ISO 1600

Bewegung einfrieren

1 Die Idee des Bildes

Fliegende Möwen stellen fotografisch eine Herausforderung dar. Zum einen ist es die Bewegung, zum anderen erscheint die Möwe gegenüber dem Himmel oftmals zu dunkel. Hier benötigen Sie eine kurze Belichtungszeit und meistens die Hilfe der Taste +/– in Richtung plus.

2 Sie brauchen

- z. B. Teleobjektiv 70 – 300 mm

3 Umsetzung

1. Wählen Sie für die Belichtung Av/A.
2. Stellen Sie eine kleine Blendenzahl ein, z. B. *f*2,8, *f*4 oder *f*5,6.
3. Kontrollieren Sie, ob die Zeit, die Ihnen die Kamera zu der gewählten Blende gibt, kurz genug ist, mindestens 1/1000 s.
4. Ist dies nicht der Fall, wählen Sie, wenn möglich, eine noch kleinere Blendenzahl oder stellen den ISO-Wert höher.
5. Stellen Sie Serienbildfunktion ein.
6. Wählen Sie den Autofokus, der die Schärfe nachführt: AI Servo/AF-C.
7. Fokussieren Sie mit einem einzelnen Autofokusfeld auf die fliegende Möwe.
8. Lösen Sie mehrmals aus.
9. Kontrollieren Sie, ob die Belichtung des Motivs in Ordnung ist.
10. Korrigieren Sie ggf. die Belichtung mit der Taste +/– und lösen Sie noch einmal aus.

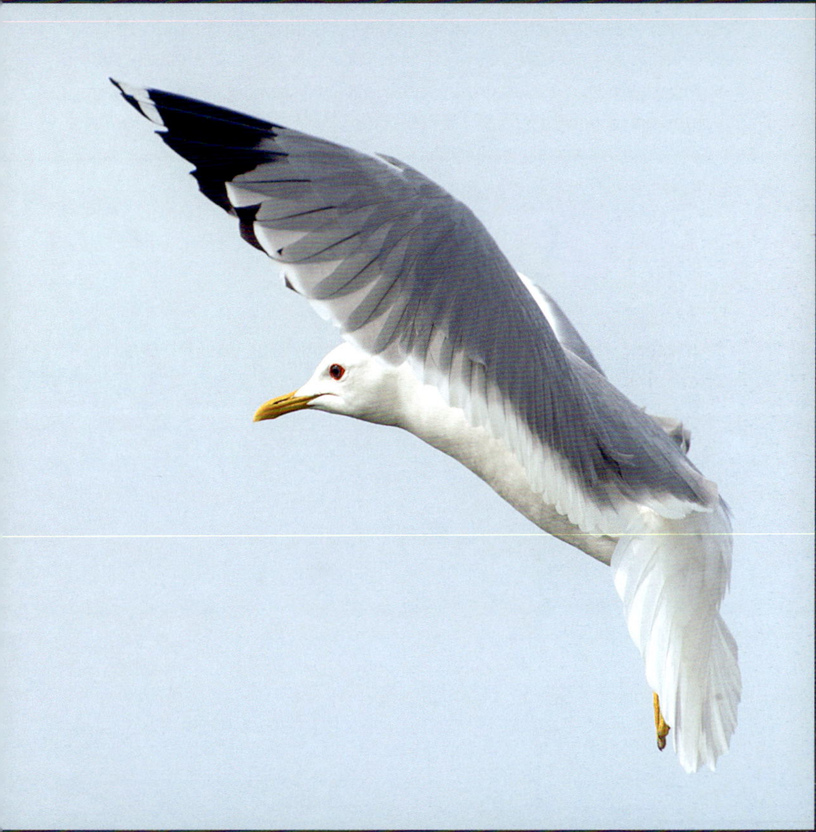

270 mm / f8 / 1/1600 s / ISO 400

Spieglein, Spieglein an der Wand

1 Die Idee des Bildes

Verkehrsspiegel sind nicht nur im Straßenverkehr nützlich. Sie bergen auch kreatives Potenzial. Beim Fotografieren exakt in die Mitte des Spiegels platziert, sieht das Haus recht lustig aus, da die konvexe Form des Spiegels das Abbild des Hauses stark verzerrt. Eine unkonventionelle Darstellung, die aber auf jeden Fall ein Staunen und Lächeln beim Betrachter hervorruft.

2 Sie brauchen

- z. B. Teleobjektiv 70 – 300 mm

3 Umsetzung

1. Wählen Sie für die Belichtung Av/A.
2. Stellen Sie eine mittlere Blendenzahl ein, z. B. f11.
3. Fokussieren Sie mit einem einzelnen Autofokusfeld auf den Spiegel.
4. Lösen Sie aus.
5. Kontrollieren Sie, ob die Belichtung in Ordnung ist.
6. Korrigieren Sie ggf. die Belichtung mit der Taste +/– und lösen Sie noch einmal aus.

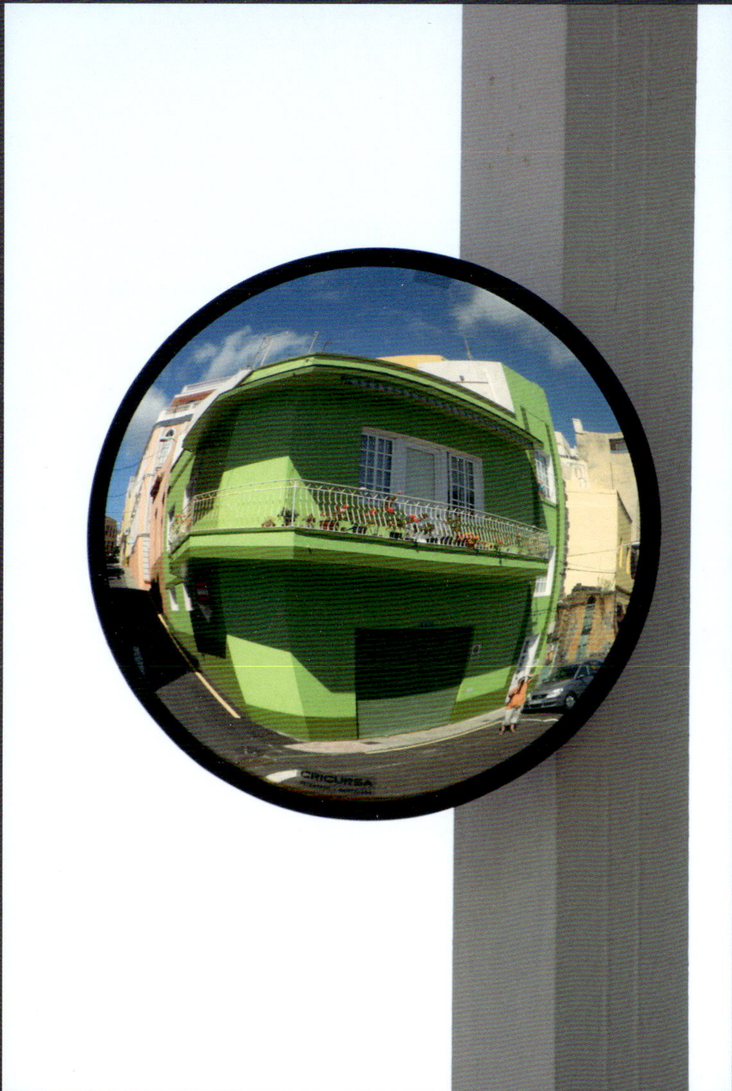

250 mm / f11 / 1/320 s / ISO 400

Stürzende Linien vermeiden

1 Die Idee des Bildes

Stürzende Linien können in der Architekturfotografie bewusst eingesetzt werden, um das Bild dramatischer zu gestalten (siehe Workshop „Verfallene Bauwerke"). Oftmals möchte man sie aber beim Fotografieren von Gebäuden vermeiden. Wenn Sie mit einem Weitwinkelobjektiv Häuser fotografieren, sollten Sie Ihre Kamera gerade und parallel zur vorderen Hausebene halten und möglichst einen erhöhten Standort wählen. Gehen Sie ruhig noch ein paar Schritte zurück, auch das vermindert stürzende Linien.

2 Sie brauchen

- z. B. Superweitwinkel 12 – 24 mm

3 Umsetzung

1. Wählen Sie für die Belichtung Av/A.
2. Stellen Sie eine mittlere Blendenzahl ein, z. B. *f*11.
3. Achten Sie darauf, dass Sie die Kamera gerade und parallel zur Hausfront halten.
4. Achten Sie darauf, dass Sie in der Mitte des Gebäudes stehen.
5. Wenn möglich, wählen Sie einen erhöhten Standort.
6. Fokussieren Sie mit einem einzigen Autofokusfeld.
7. Lösen Sie aus.
8. Kontrollieren Sie, ob die Belichtung des Motivs in Ordnung ist.
9. Korrigieren Sie ggf. die Belichtung mit der Taste +/– und lösen Sie noch einmal aus.

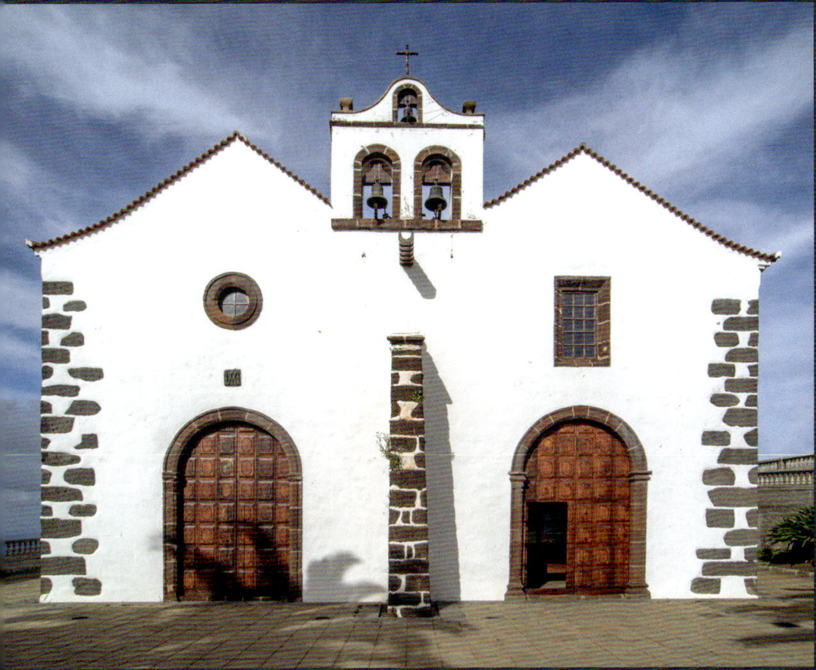

12 mm / ƒ11 / 1/800 s / ISO 200

Weniger ist mehr

1 Die Idee des Bildes

Architekturfotografie bedeutet nicht zwangsläufig das Ablichten ganzer Gebäude mit Weitwinkel. Wenn Sie interessante Details entdecken, wie z. B. Schieferdächer, besonders geformte Fenster oder Ähnliches, greifen Sie ruhig zum Teleobjektiv, um diese Details aufzunehmen und durch das Teleobjektiv hervorzuheben. Also lassen Sie auf der Suche nach Details den Blick schweifen.

2 Sie brauchen

- z. B. Teleobjektiv 70 – 200 mm
- je nach Lichtsituation ein Stativ

3 Umsetzung

1. Wählen Sie für die Belichtung Av/A.
2. Stellen Sie eine mittlere Blendenzahl ein, z. B. *f*11.
3. Fokussieren Sie mit einem einzigen Autofokusfeld.
4. Lösen Sie aus.
5. Kontrollieren Sie, ob die Belichtung des Motivs in Ordnung ist.
6. Korrigieren Sie ggf. die Belichtung mit der Taste +/– und lösen Sie noch einmal aus.

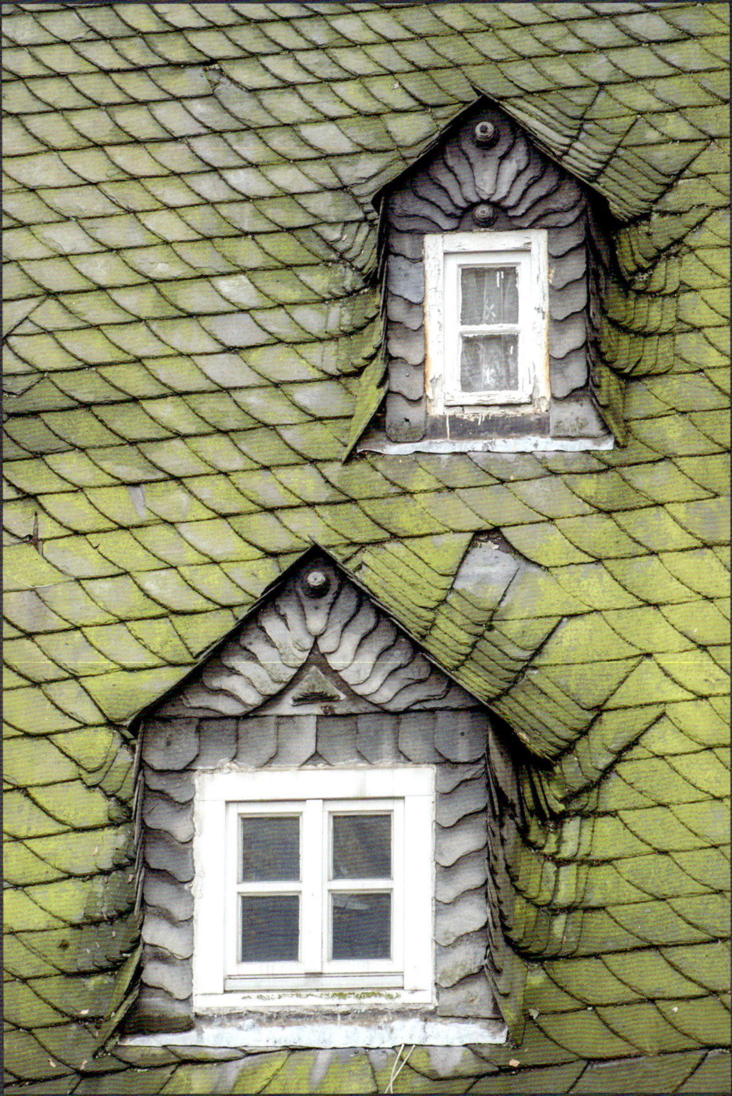

170 mm / f16 / 1/2 s / ISO 100

Polfilter bei Schaufensterfotos

1 Die Idee des Bildes

Bei manchen Geschäften sind die Schaufenster so schön gestaltet, dass Sie auf ein Foto davon kaum verzichten können. Wenn der Himmel bedeckt ist, und nicht allzu viele Passanten vorbeigehen, haben Sie so gut wie keine Spiegelungen im Schaufenster. Ist es aber sonnig, hell und belebt, benötigen Sie einen Polfilter, um die störenden Lichtreflexionen, die das Bild milchig machen, zu minimieren. Ebenso vermindern Sie damit die Spiegelung der vorbeigehenden Menschen im Schaufenster.

2 Sie brauchen

- z. B. Normalobjektiv 50 mm
- Polfilter
- schön gestaltetes Schaufenster

3 Umsetzung

1. Wählen Sie für die Belichtung Av/A.
2. Stellen Sie eine mittlere Blendenzahl ein, z. B. *f*11.
3. Setzen Sie den Polfilter auf das Objektiv und wählen Ihren Standort in einem Winkel von 30 – 45 Grad zum Schaufenster.
4. Drehen Sie an der vorderen Scheibe des Polfilters, um die Reflexionen im Schaufenster zu minimieren.
5. Fokussieren Sie mit einem einzelnen Autofokusfeld auf das Schaufenster.
6. Lösen Sie aus.
7. Kontrollieren Sie, ob die Belichtung in Ordnung ist.
8. Korrigieren Sie ggf. die Belichtung mit der Taste +/– und lösen Sie noch einmal aus.

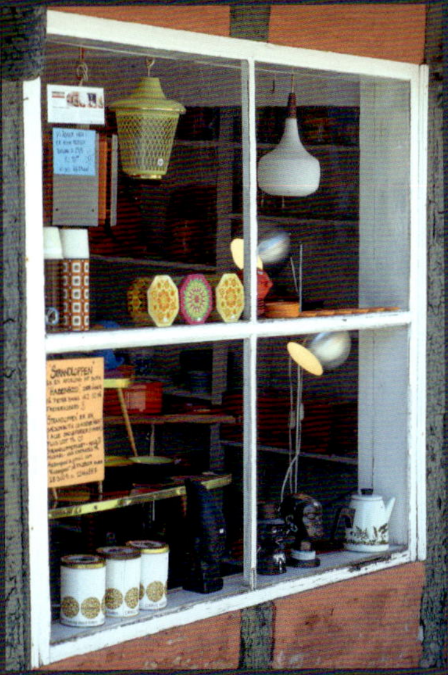

mit Polfilter

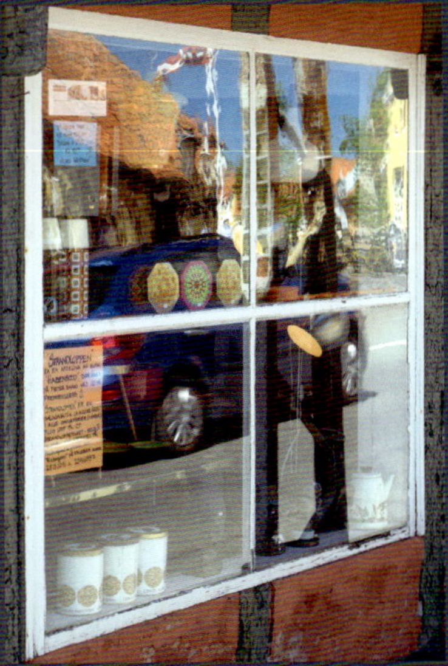

ohne Polfilter

50 mm / f8 / 1/100 s / ISO 400

Auf dem Markt – buntes Gemüse

1 Die Idee des Bildes

Sollten Sie auf Ihrer Reise die Möglichkeit haben, einheimische Märkte aufzusuchen, dann tun Sie das unbedingt. Das Fotografieren ist zwar aufgrund der Enge und der vielen Menschen nicht ganz einfach, aber Sie haben eine Vielfalt von Motiven. Als Themenfotowand zu Hause eignen sich sehr gut verschiedene Obst- und Gemüsesorten in verschiedenen Farben. Für die drei Fotos rechts haben wir die gleichen Kameraeinstellungen benutzt, da die Lichtverhältnisse ausgeglichen und keine Korrekturen nötig waren.

2 Sie brauchen

- z. B. Teleobjektiv 70 – 300 mm
- Marktsituation

3 Umsetzung

1. Wählen Sie für die Belichtung Av/A.
2. Stellen Sie eine mittlere Blendenzahl ein, z. B. f11.
3. Gehen Sie möglichst nahe an das Motiv heran, sodass nur das Motiv, aber keine Umgebung zu sehen ist.
4. Fokussieren Sie mit einem einzelnen Autofokusfeld auf das Motiv.
5. Lösen Sie aus.
6. Kontrollieren Sie, ob die Belichtung in Ordnung ist.
7. Korrigieren Sie ggf. die Belichtung mit der Taste +/– und lösen Sie noch einmal aus.

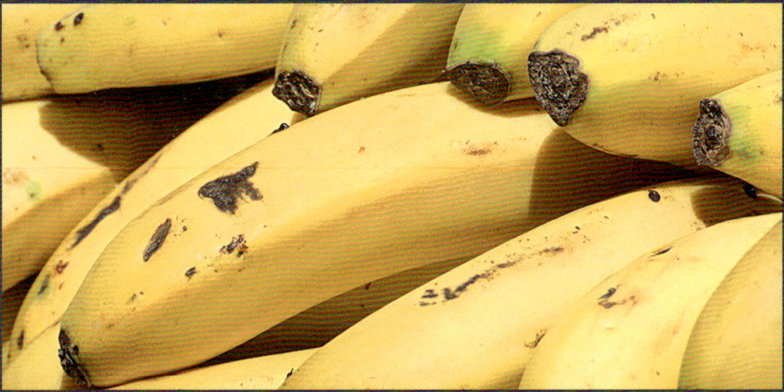

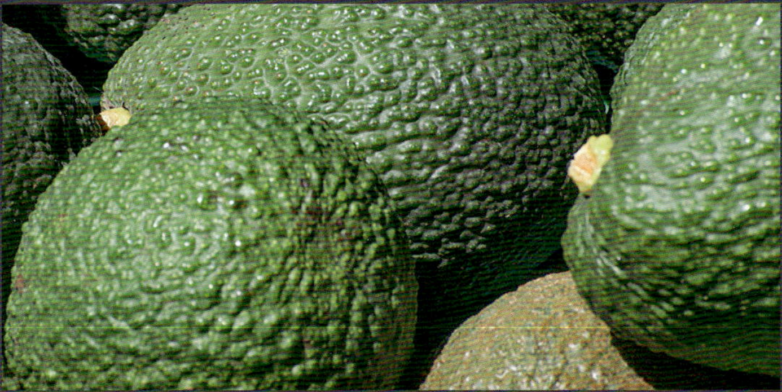

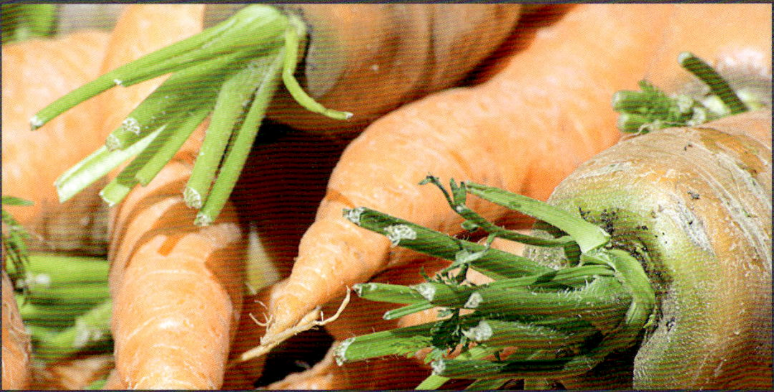

300 mm / f11 / 1/400 s / ISO 400

Zeigen, wo man war

1 Die Idee des Bildes

Um zu zeigen, wo man im Urlaub war, kann man natürlich einfach ein Orts- oder Straßenschild fotografieren. Viel verspielter und interessanter wirkt es auf den Betrachter, wenn man durch eine Glaskugel fotografiert. Beim Fotografieren nicht erschrecken, denn Ihr Motiv erscheint in der Kugel auf dem Kopf stehend und seitenverkehrt. Das Foto können Sie ja später umdrehen, so wie diese Aufnahme.

2 Sie brauchen

- z. B. Teleobjektiv 70 – 300 mm
- Fotoglaskugel mit 8 cm Durchmesser

3 Umsetzung

1. Wählen Sie für die Belichtung Av/A.
2. Stellen Sie eine größere Blendenzahl ein z. B. *f*16.
3. Nehmen Sie die Kugel nicht formatfüllend auf, sondern lieber etwas kleiner, sonst bekommen Sie Probleme mit der Schärfentiefe.
4. Fokussieren Sie mit einem einzelnen Autofokusfeld auf den Rand der Glaskugel, denn die Schärfe breitet sich im Nahbereich nach vorne und nach hinten etwa zu gleichen Teilen aus. So wird die Abbildung Ihres Motivs in der Kugel scharf.
5. Lösen Sie aus.
6. Kontrollieren Sie, ob die Belichtung in Ordnung ist.
7. Korrigieren Sie ggf. die Belichtung mit der Taste +/– und lösen Sie noch einmal aus.

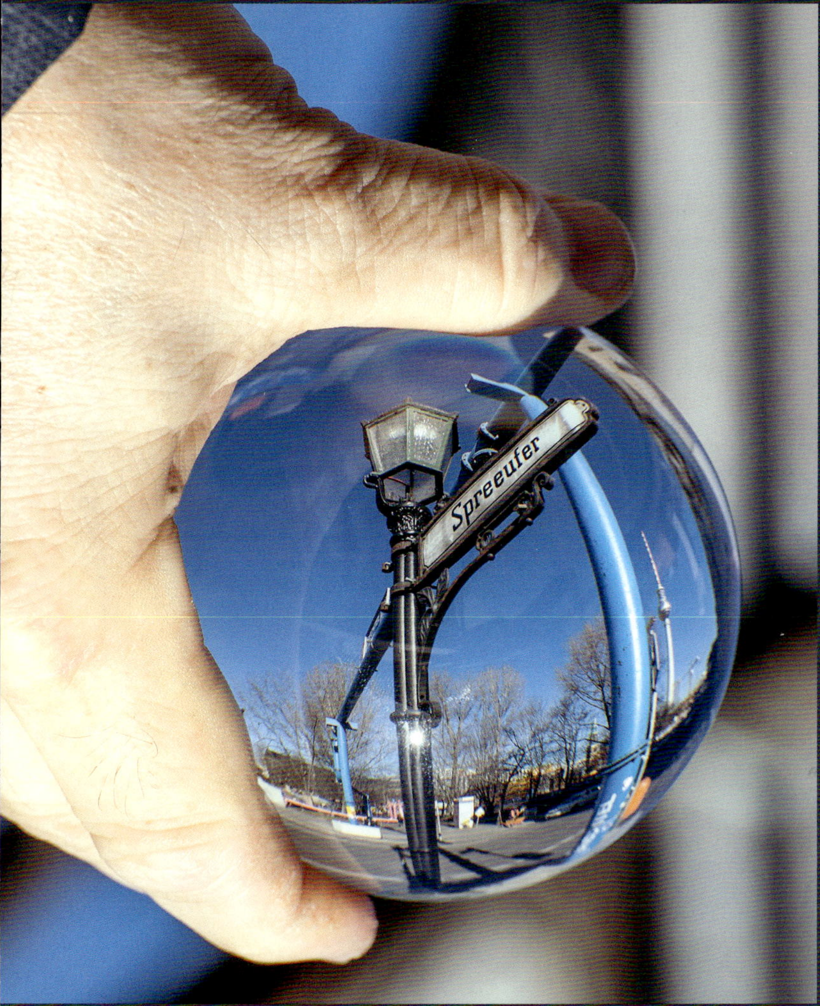

300 mm / f16 / 1/800 s / ISO 400

Spiegelung im Wasser

1 Die Idee des Bildes

Das Thema Hafen möchten Sie vielleicht einmal anders angehen, als mit dem konkreten Ablichten der Schiffe oder Schiffsteile. Versuchen Sie es einmal mit Spiegelungen im Wasser. Spiegelungen im Wasser haben sehr kräftige Farben, wenn das gespiegelte Objekt von der Sonne angeleuchtet wird. Fotografieren Sie die Spiegelung des Schiffsrumpfes, des Rettungsrings oder der an der Bordwand hängenden Fender. Da sich das Wasser permanent kräuselt, benötigen Sie eine sehr kurze Belichtungszeit.

2 Sie brauchen

- z. B. Teleobjektiv 70 – 200 mm
- Hafen mit bunten Booten

3 Umsetzung

1. Wählen Sie für die Belichtung Av/A.
2. Stellen Sie eine kleine Blendenzahl ein, z. B. ƒ5,6.
3. Kontrollieren Sie, ob die Zeit, die Ihnen die Kamera zu der gewählten Blende gibt, kurz genug ist, mindestens 1/300 s.
4. Ist dies nicht der Fall, wählen Sie, wenn möglich, eine noch kleinere Blendenzahl oder stellen den ISO-Wert höher.
5. Stellen Sie die Serienbildfunktion ein.
6. Fokussieren Sie mit einem einzelnen Autofokusfeld auf die Spiegelung.
7. Lösen Sie mehrmals aus.
8. Kontrollieren Sie, ob die Belichtung in Ordnung ist.
9. Korrigieren Sie ggf. die Belichtung mit der Taste +/– und lösen Sie wieder aus.

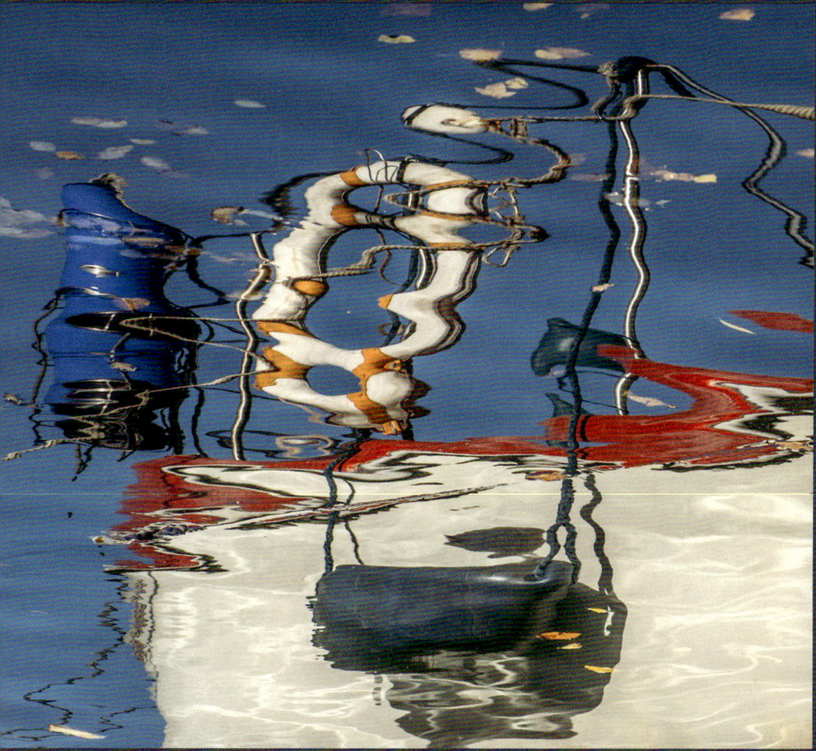

170 mm / f8 / 1/400 s / ISO 400

Fisch-Armee

1 Die Idee des Bildes

Am Hafen gibt es nicht nur Schiffe zu entdecken. Lassen Sie Ihren Blick schweifen, vielleicht treffen Sie auf eine Räucherei, die gerade Fische für den Räucherofen vorbereitet. Faszinierend ist diese Armee von Heringen! Sie werden merken, dass dieses Motiv eine Vielfalt von Möglichkeiten bietet – für die verschiedensten Objektive vom Makro- bis zum Teleobjektiv.

2 Sie brauchen

- z. B. Teleobjektiv 70 – 300 mm
- Fische

3 Umsetzung

1. Wählen Sie für die Belichtung Av/A.
2. Stellen Sie eine offene Blende ein, z. B. ƒ5,6.
3. Fokussieren Sie mit einem einzelnen Autofokusfeld auf die Fische.
4. Lösen Sie aus.
5. Kontrollieren Sie, ob die Belichtung in Ordnung ist.
6. Korrigieren Sie ggf. die Belichtung mit der Taste +/– und lösen Sie noch einmal aus.

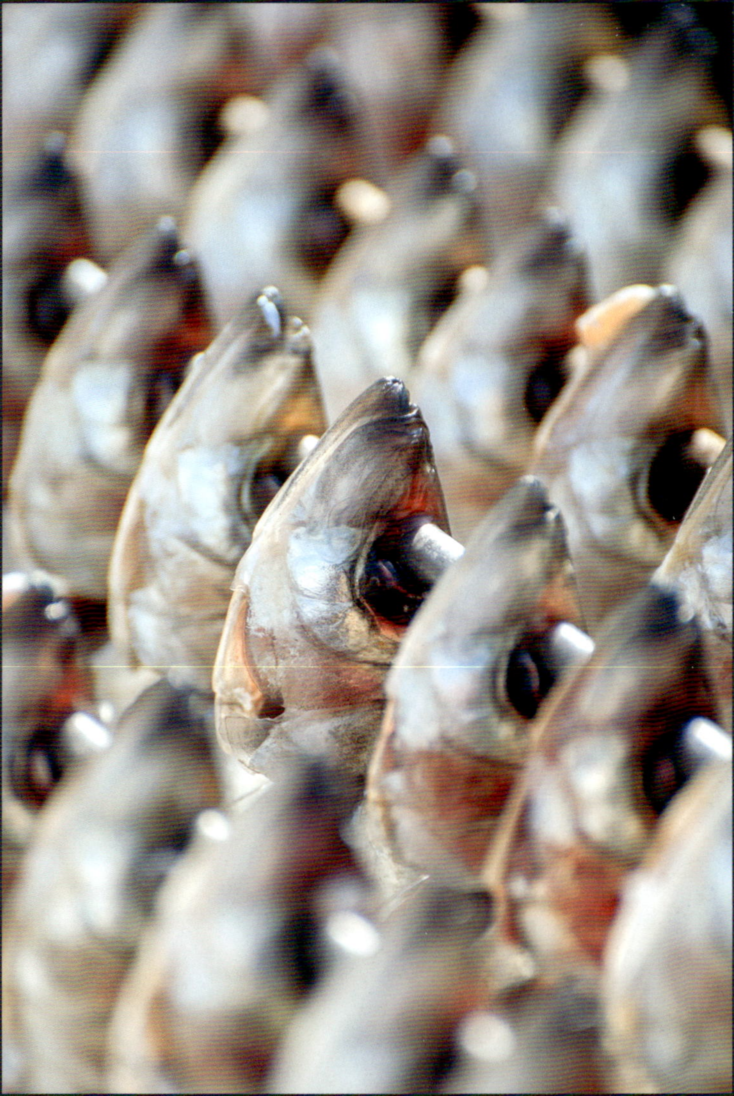

300 mm / ƒ5,6 / 1/800 s / ISO 200

Fischerboote

1 Die Idee des Bildes

Oftmals bieten gerade kleine Fischerhäfen wunderbare Motive, an die man zunächst gar nicht denkt, wenn man einfach nur Boote aufnehmen möchte. Scheuen Sie sich nicht, in kleine Häfen hineinzugehen. Die drei Fischerboote auf dem Rasen hinter den Picknickbänken wirkten skurril. Dieser Eindruck wurde beim Fotografieren durch die Objektivwahl (Weitwinkel) und einen niedrigen Standpunkt, der eine Verzeichnung der Linien durch das Weitwinkelobjektiv hervorrief, noch verstärkt.

2 Sie brauchen

- z. B. Superweitwinkelobjektiv 12 – 24 mm

3 Umsetzung

1. Wählen Sie für die Belichtung Av/A.
2. Stellen Sie eine mittlere Blendenzahl ein, z. B. *f*11.
3. Wählen Sie einen niedrigen Standpunkt.
4. Fokussieren Sie mit einem einzigen Autofokusfeld.
5. Lösen Sie aus.
6. Kontrollieren Sie, ob die Belichtung des Motivs in Ordnung ist.
7. Korrigieren Sie ggf. die Belichtung mit der Taste +/– und lösen Sie noch einmal aus.

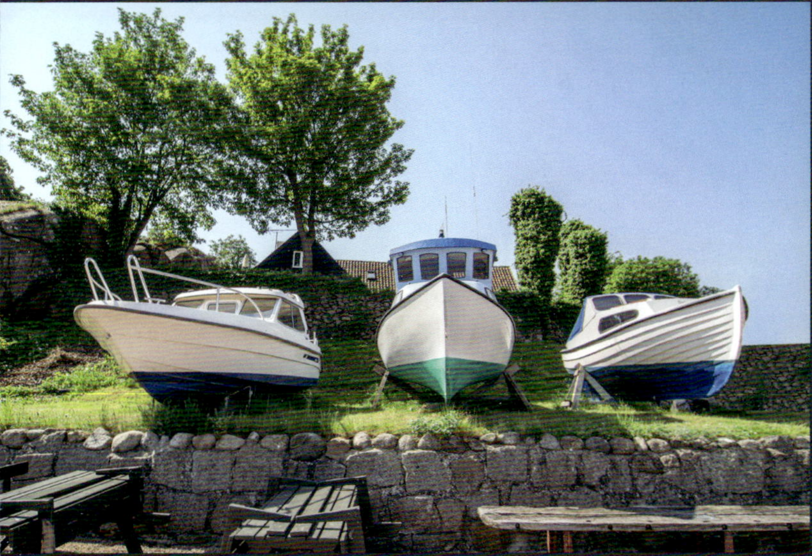

12 mm / f11 / 1/100 s / ISO 100

Gemäuer im Dornröschenschlaf

1 Die Idee des Bildes

Die alte Burg wirkt, als wäre sie aus dem mit Gras überdeckten Granitfelsen gewachsen. Trotz zerfallener Mauerteile erscheint sie immer noch mächtig. Als sich das Wetter von Sonnenschein in Richtung Gewitterstimmung änderte, verstärkte dies noch die kraftvolle und etwas düstere Ausstrahlung der Burg und des Bildes. Warten Sie also ruhig etwas länger auf eine Lichtsituation, die die Bildaussage unterstützt.

2 Sie brauchen

- z. B. Teleobjektiv 70 – 200 mm

3 Umsetzung

1. Wählen Sie für die Belichtung Av/A.
2. Stellen Sie eine mittlere Blendenzahl ein, z. B. *f*8 oder *f*11.
3. Versuchen Sie, bei der Bildgestaltung Spannung zu erzeugen. Bei diesem Motiv ca. 1/3 Himmel und 2/3 Landschaft.
4. Fokussieren Sie mit einem einzelnen Autofokusfeld in das erste Drittel.
5. Lösen Sie aus.
6. Kontrollieren Sie, ob die Belichtung des Motivs in Ordnung ist.
7. Korrigieren Sie ggf. die Belichtung mit der Taste +/– und lösen Sie noch einmal aus.

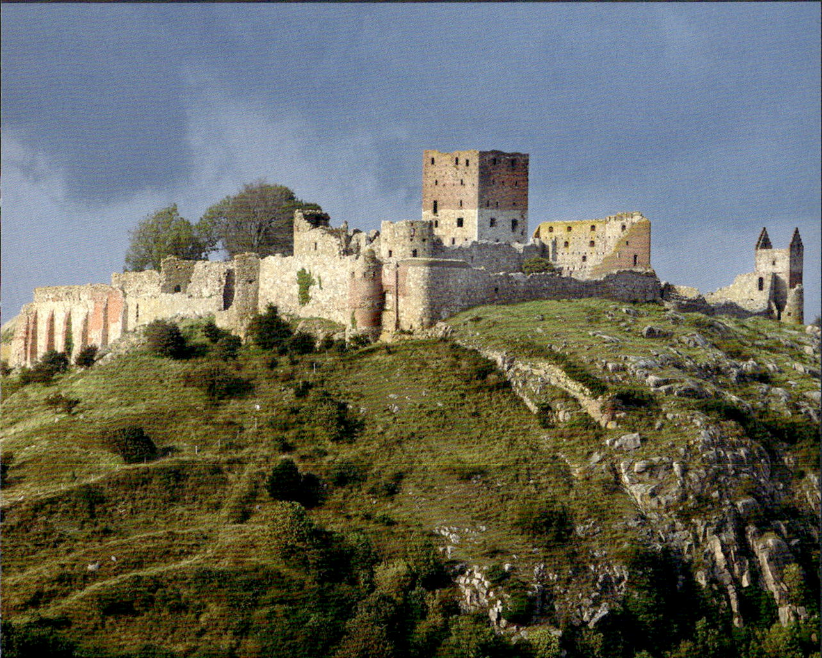

Stürzende Linien bewusst einsetzen

1 Die Idee des Bildes

Oftmals verzerrt ein Weitwinkelobjektiv Gebäude auf eine interessante Weise. Die Ruine dieser im Krieg zerstörten Kirche wird durch das Objektiv neu interpretiert. Die Mauerreste beugen sich über das nach oben offene ehemalige Kirchenschiff. Die freundliche Stimmung wird durch das Grün des Efeus und durch den blauen Himmel verstärkt.

2 Sie brauchen

- z. B. Superweitwinkelobjektiv 12 – 24 mm

3 Umsetzung

1. Wählen Sie für die Belichtung Av/A.
2. Stellen Sie eine mittlere Blendenzahl ein, z. B. *f*8 oder *f*11.
3. Fokussieren Sie mit einem einzelnen Autofokusfeld in das erste Drittel.
4. Lösen Sie aus.
5. Kontrollieren Sie, ob die Belichtung des Motivs in Ordnung ist.
6. Korrigieren Sie ggf. die Belichtung mit der Taste +/– und lösen Sie noch einmal aus.

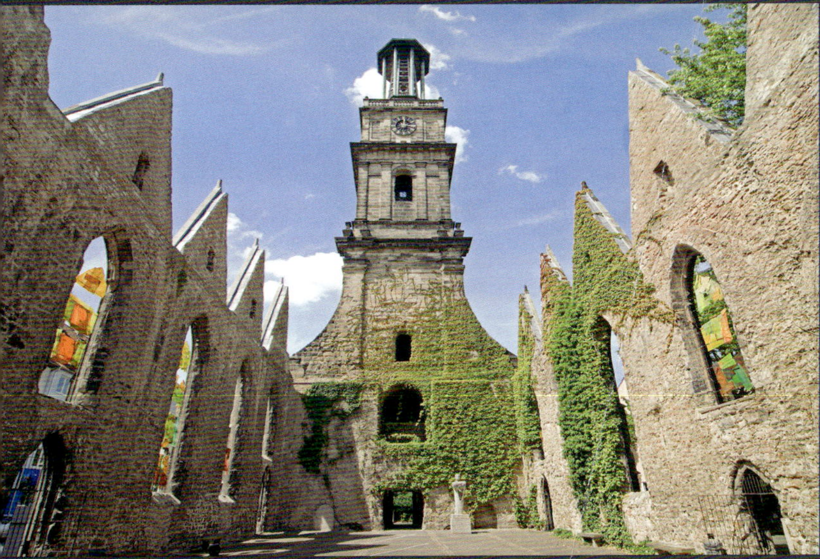

12 mm / f8 / 1/320 s / ISO 400

Harmonie zwischen Natur und Verfall

1 Die Idee des Bildes

Auch hier kam wieder eine ganz besondere Harmonie zwischen der halb verfallenen Steinhütte und der sie umgebenden Natur zum Ausdruck. Wer auf eine ähnliche Szenerie trifft, sollte sie sich nicht entgehen lassen.

2 Sie brauchen

- z. B. Teleobjektiv 70 – 300 mm

3 Umsetzung

1. Wählen Sie für die Belichtung Av/A.
2. Stellen Sie eine mittlere Blendenzahl ein, z. B. f8 oder f11.
3. Fokussieren Sie mit einem einzelnen Autofokusfeld in das erste Drittel.
4. Lösen Sie aus.
5. Kontrollieren Sie, ob die Belichtung des Motivs in Ordnung ist.
6. Korrigieren Sie ggf. die Belichtung mit der Taste +/– und lösen Sie noch einmal aus.

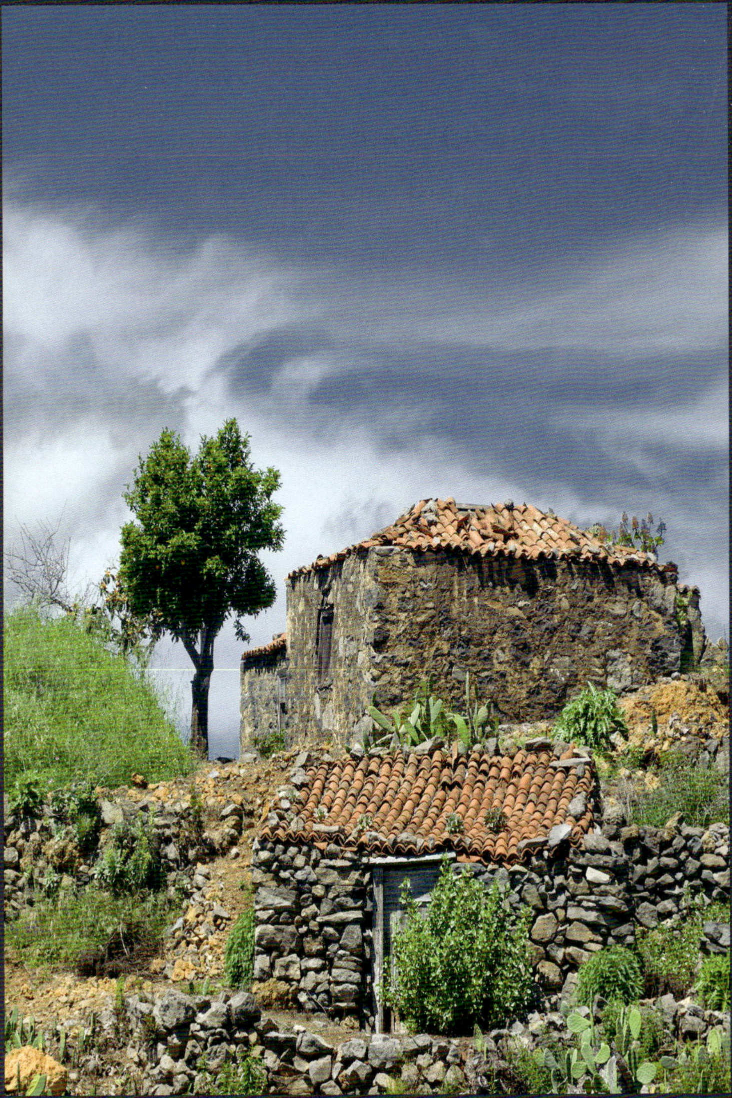

110 mm / f11 / 1/320 s / ISO 200

Blaue Stunde verzaubert

1 Die Idee des Bildes

Das Fotografieren zur blauen Stunde, also nach Untergang der Sonne bis zum Einbruch der Dunkelheit, hat einen ganz besonderen Reiz. Die Mischung aus schwindendem Tageslicht, intensiv blauem Himmel und künstlichen Lichtern beschert Ihren Bildern eine ganz besondere Ausstrahlung. Recherchieren Sie vorher, wann genau die Sonne untergeht, und seien Sie früh genug zur Stelle. Fast im Minutentakt ergeben sich immer wieder neue, interessante Lichtstimmungen. Da das Licht immer mehr schwindet, sollten Sie ein Stativ dabei haben.

2 Sie brauchen

- z. B. Normalobjektiv 50 mm
- Stativ

3 Umsetzung

1. Wählen Sie für die Belichtung Av/A.
2. Stellen Sie eine mittlere Blendenzahl ein, z. B. f11.
3. Stellen Sie Ihre Kamera auf das Stativ.
4. Bildstabilisator ausschalten.
5. Spiegelvorauslösung einschalten.
6. Selbstauslöser oder Fernauslöser verwenden.
7. Fokussieren Sie mit einem einzelnen Autofokusfeld.
8. Lösen Sie aus.
9. Kontrollieren Sie, ob die Belichtung des Motivs in Ordnung ist.
10. Korrigieren Sie ggf. die Belichtung mit der Taste +/– und lösen Sie noch einmal aus.

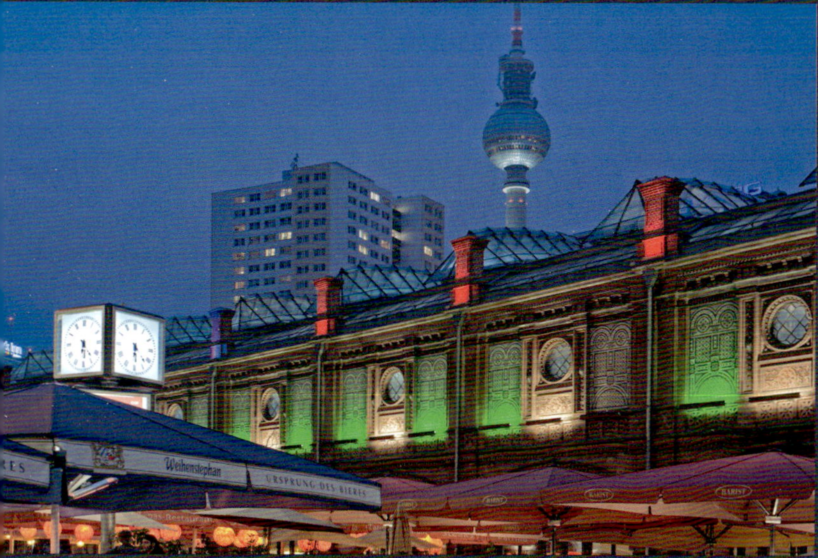

50 mm / f8 / 1 s / ISO 200

Beleuchtete Gebäude

1 Die Idee des Bildes

Fotografieren bei Dunkelheit hat seinen eigenen Reiz. Viele Gebäude sind erleuchtet und haben eine völlig andere Ausstrahlung als bei Tageslicht. Die Bögen der Steinmauer auf dem Foto sind verschiedenfarbig beleuchtet und vorbeifahrende Autos hinterlassen Lichtbögen mit ihren Scheinwerfern. Damit Ihre Fotos bei Dunkelheit gelingen, müssen Sie einiges beachten: Zwei wichtige Voraussetzungen sind ein Stativ und ein niedriger ISO-Wert.

2 Sie brauchen

- z. B. Normalobjektiv 50 mm
- Stativ
- kleine Taschenlampe, um die Bedienelemente an der Kamera zu finden.

3 Umsetzung

1. Stellen Sie die Kamera auf ein Stativ. Vergessen Sie nicht, den Bildstabilisator auszustellen.
2. Wählen Sie für die Belichtung Av/A.
3. Stellen Sie eine mittlere Blendenzahl ein, z. B. *f*11.
4. Stellen Sie den ISO-Wert auf 100.
5. Die aus Blende und ISO resultierende Zeit sollte kürzer sein als 30 s, denn bis zu diesem Wert kann der Kameraverschluss bei Av/A automatisch geöffnet bleiben.
6. Fokussieren Sie mit einem einzelnen Autofokusfeld auf Ihr Motiv. Sollte der Autofokus dabei Probleme haben, verlegen Sie das Autofokusfeld auf eine erleuchtete Stelle im Motiv.
7. Lösen Sie mittels des Selbstauslösers aus.
8. Kontrollieren Sie, ob die Belichtung des Motivs in Ordnung ist.
9. Korrigieren Sie ggf. die Belichtung mit der Taste +/– und lösen Sie noch einmal aus.

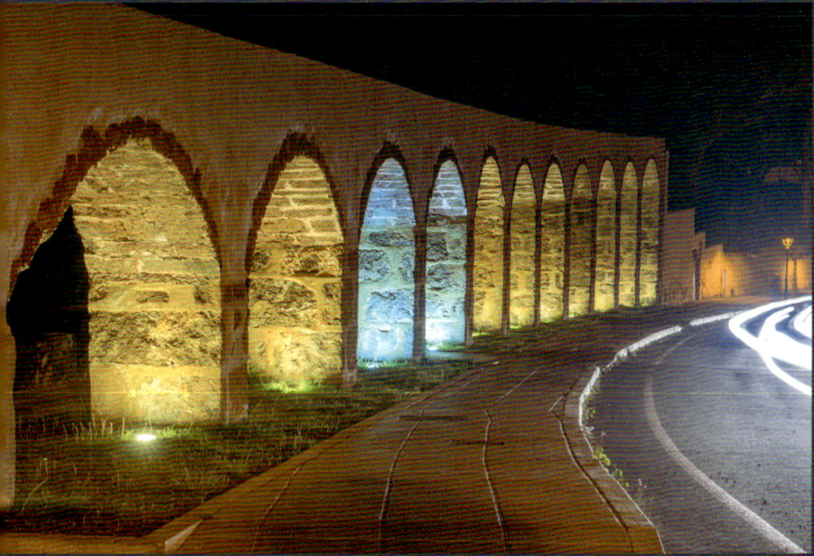

50 mm / f16 / 10 s / ISO 100

Feuerwerk

1 Die Idee des Bildes

Auch auf Reisen hat man oftmals Gelegenheit, ein Feuerwerk zu sehen und zu fotografieren. Natürlich möchten Sie gerne möglichst viele bunte Explosionen auf einem einzigen Foto haben. Dazu müssen Sie gut beobachten und die Kamera mit dem Stativ dahin ausrichten, wo vermehrt Feuerwerkskörper am Himmel explodieren.

2 Sie brauchen

- z. B. Teleobjektiv 70 – 200 mm
- Stativ

3 Umsetzung

1. Stellen Sie die Kamera auf ein Stativ. Vergessen Sie nicht, den Bildstabilisator auszustellen.
2. Wählen Sie für die Belichtung Av/A.
3. Stellen Sie eine mittlere Blendenzahl ein, z. B. *f*8.
4. Stellen Sie den ISO-Wert auf 100.
5. Die aus Blende und ISO resultierende Zeit sollte kürzer sein als 30 s, denn bis zu diesem Wert kann der Kameraverschluss bei Av/A automatisch geöffnet bleiben.
6. Fokussieren Sie manuell auf unendlich.
7. Lösen Sie mittels des Fernauslösers aus.
8. Kontrollieren Sie, ob die Belichtung des Motivs in Ordnung ist.
9. Korrigieren Sie ggf. die Belichtung mit der Taste +/– und lösen Sie noch einmal aus.

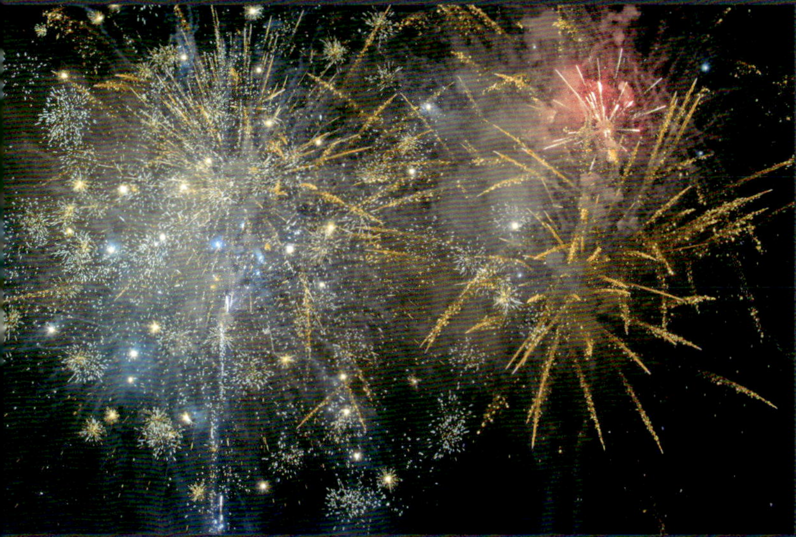

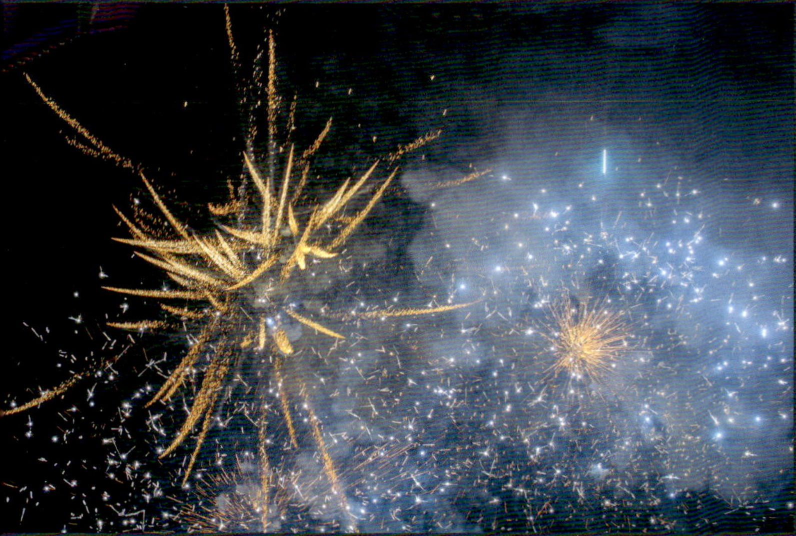

70 mm / f8 / 1/50 s / ISO 400

Silhouetten in Glas

1 Die Idee des Bildes

Eine interessante Variante, Menschen zu fotografieren, bieten gläserne Gangways, die Fußgängern den Einstieg in Fährschiffe ermöglichen. Wenn Sie einen solchen Glastunnel fotografieren, ist ein sonniger Tag von Vorteil. Denn ein hoher Kontrast zwischen dem hellen Himmel und den Menschen im Glastunnel lässt die Personen bei Gegenlicht als dunkle Silhouetten erscheinen. Damit sich die Personen gut abzeichnen, sollten Sie mit dem Auslösen warten, bis sich die Passagiere nicht gegenseitig verdecken.

2 Sie brauchen

- z. B. Teleobjektiv 70 – 200 mm
- gläserne Gangway

3 Umsetzung

1. Wählen Sie für die Belichtung Av/A.
2. Stellen Sie die Funktion Serienaufnahme ein.
3. Stellen Sie eine mittlere Blendenzahl ein, z. B. *f*11.
4. Wählen Sie einen Standpunkt mit Gegenlicht.
5. Fokussieren Sie mit einem einzigen Autofokusfeld.
6. Lösen Sie aus, wenn sich mehrere Menschen in der Gangway befinden, sich aber möglichst nicht gegenseitig verdecken.
7. Kontrollieren Sie, ob die Belichtung des Motivs in Ordnung ist.
8. Korrigieren Sie ggf. die Belichtung mit der Taste +/– und lösen Sie noch einmal aus.

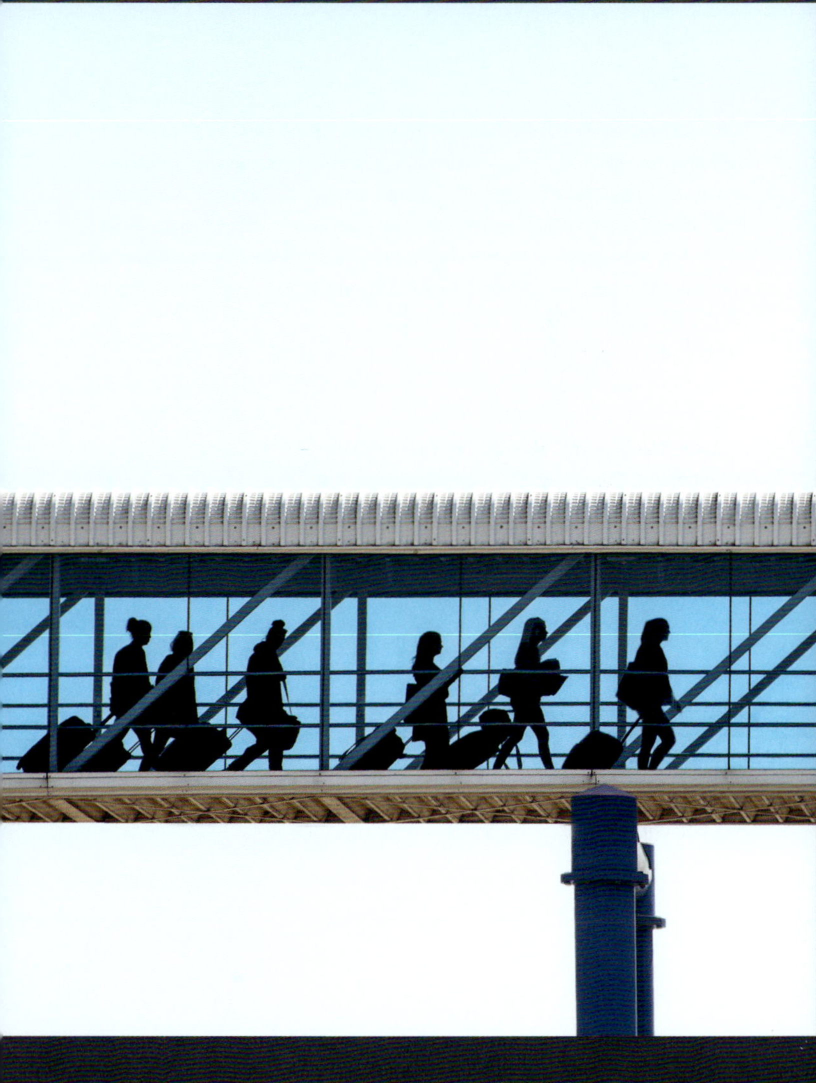

155 mm / f11 / 1/320 s / ISO 200

Gruppenbild mit Motto

1 Die Idee des Bildes

Sind Sie mit einer Reisegruppe unterwegs, dann versuchen Sie sich doch einmal an einer Gruppenaufnahme, vielleicht sogar mit Themenbezug zur Reise. Auf dem Foto rechts wurde das Gemeinsame der Teilnehmer einer Fotoreise geschickt festgehalten, nämlich das Fotografieren. Wichtig ist auf jeden Fall, dass alle, die auf dem Foto sind, auch Spaß daran haben, fotografiert zu werden. Auch darf niemand gegen seinen Willen fotografiert werden.

2 Sie brauchen

- z. B. Teleobjektiv 70 – 300 mm
- Reisegruppe, ggf. Objekte mit Themenbezug zur Reise, z. B. Fotoapparate, Taucherbrillen, Fahrräder, etc.

3 Umsetzung

1. Wählen Sie für die Belichtung Av/A.
2. Stellen Sie eine mittlere Blende ein z. B. $f8$ oder $f11$.
3. Fokussieren Sie mit einem einzelnen Autofokusfeld auf die Gruppe.
4. Falls Sie ein Foto machen, bei dem die Gruppe in Ihre Richtung schaut, achten Sie darauf, dass alle die Augen geöffnet haben.
5. Lösen Sie aus.
6. Kontrollieren Sie, ob die Belichtung in Ordnung ist.
7. Korrigieren Sie ggf. die Belichtung mit der Taste +/– und lösen Sie noch einmal aus.

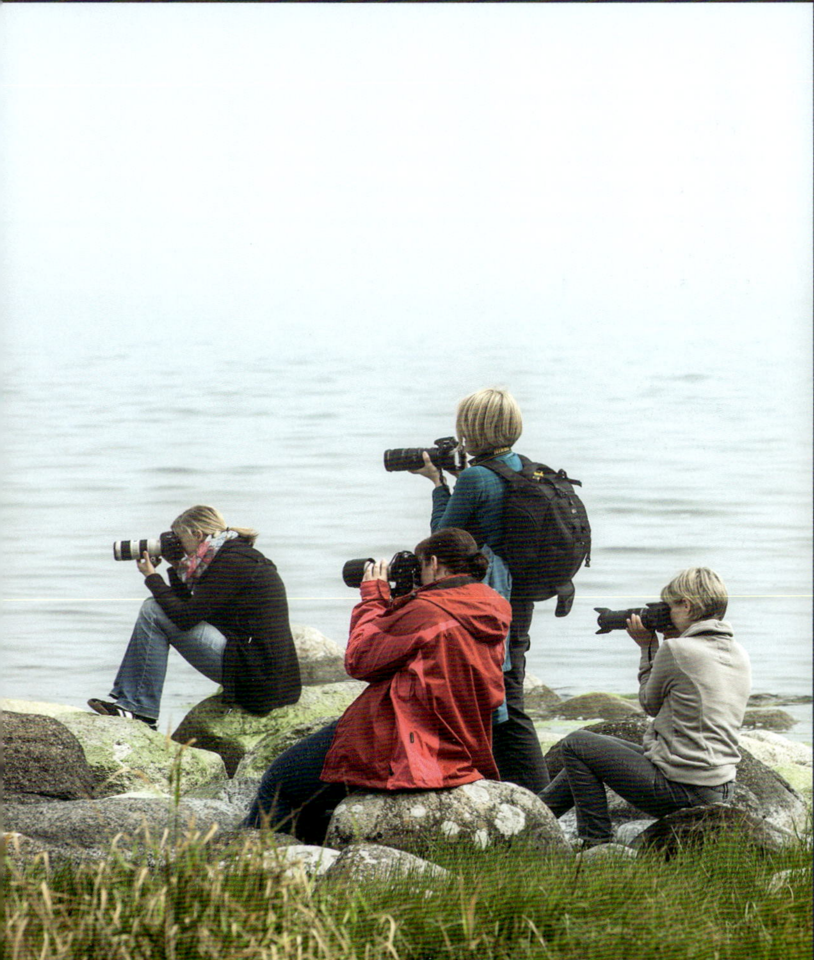

195 mm / f8 / 1/250 s / ISO 320

Porträt mit Fisch

1 Die Idee des Bildes

Wenn Sie auf Ihren Reisen gern auf regionalen Märkten frische Lebensmittel kaufen, wird Sie diese Bildidee vielleicht besonders inspirieren. Hier hat die Vorfreude auf das Grillen des Fisches am Abend die Köchin dazu verführt, sich mit den wichtigsten Zutaten zu einem lustigen Porträt zu arrangieren: mit frischen Doraden und Zitrone.

2 Sie brauchen

- z. B. Normalobjektiv 50 mm
- Fisch, Gemüse oder Obst

3 Umsetzung

1. Wählen Sie für die Belichtung Av/A.
2. Stellen Sie eine mittlere Blendenzahl ein, z. B. *f*8.
3. Fokussieren Sie mit einem einzigen Autofokusfeld.
4. Lösen Sie aus.
5. Kontrollieren Sie, ob die Belichtung des Motivs in Ordnung ist.
6. Korrigieren Sie ggf. die Belichtung mit der Taste +/– und lösen Sie noch einmal aus.

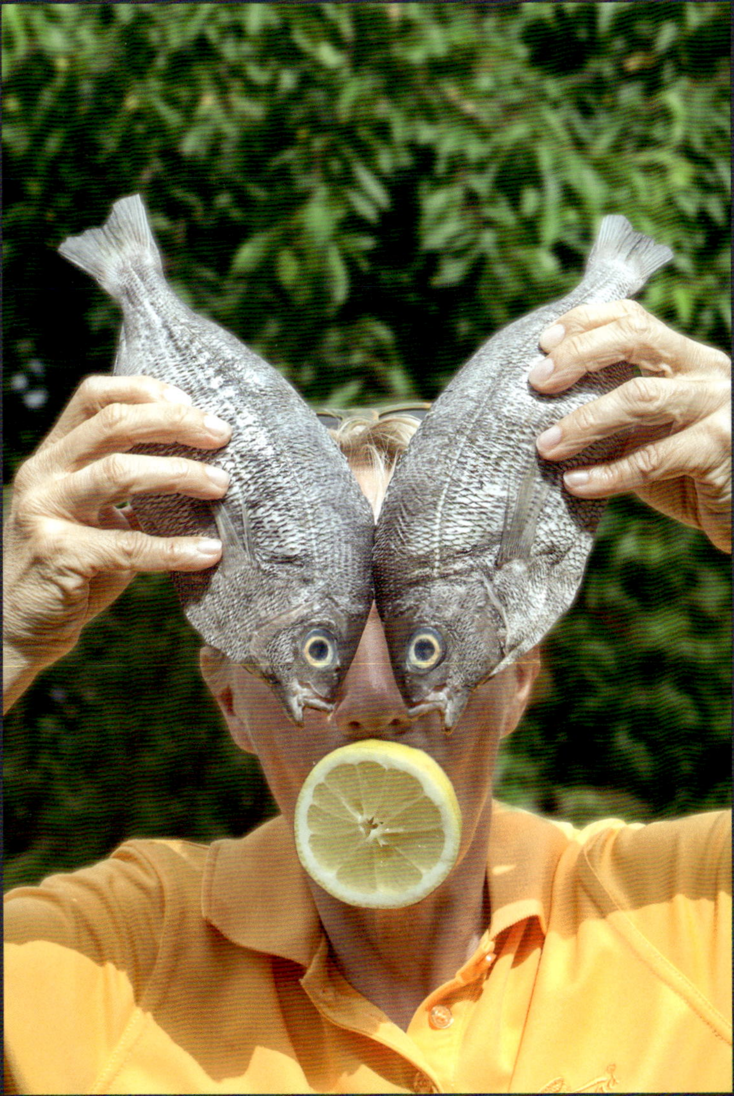

50 mm / f11 / 1/125 s / ISO 200

Schau' mir in die Augen

1 Die Idee des Bildes

Kleine Dinge ganz groß zu zeigen, ist Domäne der Makrofotografie. Die schillernden Augen der Bremse faszinieren wohl jeden. Wenn das Insekt an einem vorüberfliegt, sind seine Augen in ihrer ganzen Schönheit kaum wahrnehmbar. Wenn Sie aber ein ruhig sitzendes Insekt entdeckt haben, bewegen Sie sich extrem langsam darauf zu und gehen Sie nicht zu nahe heran. Insekten haben unterschiedliche Fluchtdistanzen und sind oftmals schneller wieder weggeflogen als fotografiert. Nehmen Sie Ihr Motiv lieber etwas kleiner auf, um es hinterher zu vergrößern. Bei dieser Aufnahme war die Kamera auf das Geländer aufgelegt.

2 Sie brauchen

- z. B. Makroobjektiv 100 mm oder 105 mm
- alternativ Zwischenring oder Nahlinse
- Stativ

3 Umsetzung

1. Wählen Sie für die Belichtung Av/A.
2. Stellen Sie eine höhere Blendenzahl ein, z. B. f16.
3. Fokussieren Sie mit einem einzelnen Autofokusfeld auf die Ebene der Insektenaugen.
4. Lösen Sie mit dem Selbstauslöser oder dem Fernauslöser aus.
5. Kontrollieren Sie, ob die Belichtung in Ordnung ist.
6. Korrigieren Sie ggf. die Belichtung mit der Taste +/– und lösen Sie noch einmal aus.

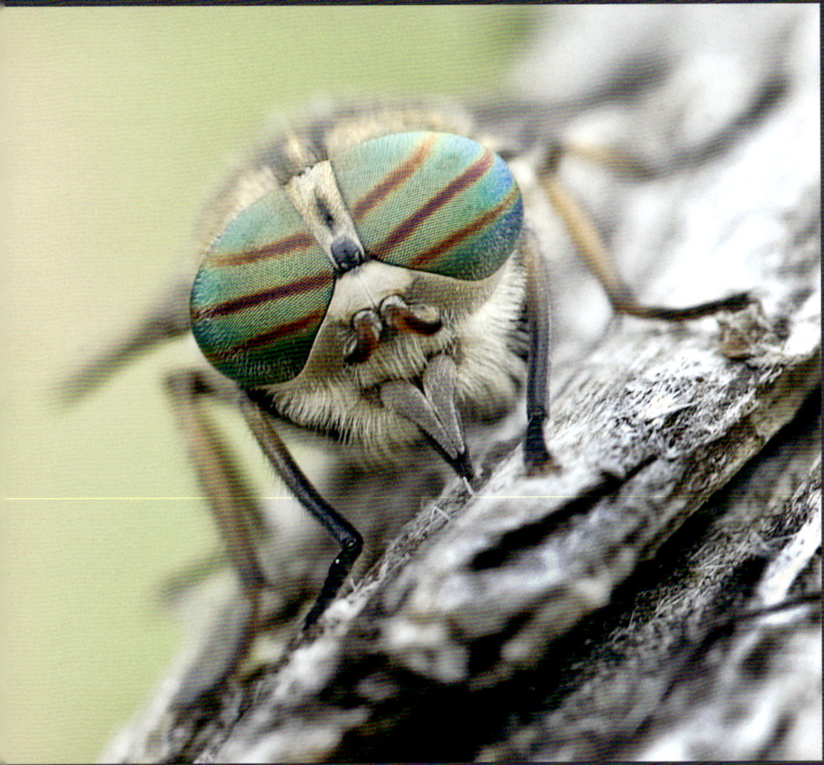

150 mm / f16 / 1/50 s / ISO 800

Geringe Schärfentiefe überlisten

1 Die Idee des Bildes

Für diese Aufnahme war es nötig, auf Augenhöhe der Heuschrecke zu gehen, sich also hinzulegen. Anstelle eines Stativs können Sie in diesem Fall Ihre Kamera auf eine mit Sand gefüllte Plastiktüte legen, da Freihandfotografieren bei der geringen Schärfentiefe der Makrofotografie leicht zu Unschärfen führen kann. Da in der Makrofotografie die Schärfentiefe sehr gering ist, sollten Sie versuchen, diese, so gut es geht, zu nutzen. Zum Beispiel, indem Sie das Insekt von der Seite fotografieren, um möglichst viel von dem Tier scharf abzubilden. Außerdem sollten Sie eine höhere Blendenzahl verwenden, da im Makrobereich die Schärfentiefe oft gering ist.

2 Sie brauchen

- z. B. Makroobjektiv 100 mm oder Normalobjektiv 50 mm mit Zwischenring bzw. Nahlinse oder Teleobjektiv 70 – 300 mm
- Plastiktüte mit Sand gefüllt

3 Umsetzung

1. Wählen Sie für die Belichtung Av/A.
2. Stellen Sie eine höhere Blendenzahl ein, z. B. *f*16.
3. Die daraus resultierende Zeit sollte mindestens 1/100 s kurz sein.
4. Sollte das nicht machbar sein, stellen Sie den ISO-Wert höher. Denn eine Verdopplung des ISO-Wertes führt zu einer Halbierung der Belichtungszeit, macht sie also kürzer. Zum Beispiel: Sollten Sie bei ISO 200 eine Belichtungszeit von 1/50 s haben, so ergibt sich bei einem auf 400 erhöhten ISO-Wert eine Belichtungszeit von 1/100 s.
5. Fokussieren Sie mit einem einzelnen Autofokusfeld auf das Motiv.
6. Lösen Sie mit dem Selbstauslöser oder Fernauslöser aus.
7. Kontrollieren Sie, ob die Belichtung in Ordnung ist.
8. Korrigieren Sie ggf. die Belichtung mit der Taste +/– und lösen Sie noch einmal aus.

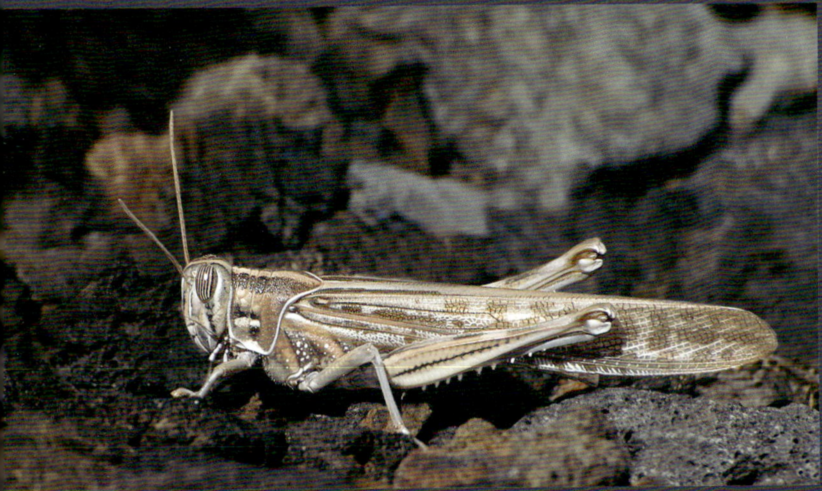

300 mm / f16 / 1/500 s / ISO 500

Fast wie ein Aquarell

1 Die Idee des Bildes

In der Makrofotografie hat man, wenn man nicht mit sehr großen Blendenzahlen fotografiert, verschwindend wenig Schärfentiefe. Doch gerade dies kann man auch gezielt bei geeigneten Motiven einsetzen. Nehmen Sie Blüten mit Makroobjektiv, Zwischenring oder Nahlinse und nicht allzu großer Blendenzahl auf, so entstehen Bilder, die von der Farbe der Blüte leben und teilweise wie Aquarelle wirken. Auch wenn Sie bei Makrofotografie mit Stativ fotografieren, achten Sie auf eine kurze Belichtungszeit, wenn sich die Blüte im Wind bewegt.

2 Sie brauchen

- z. B. Makroobjektiv 100 mm oder 105 mm
- Zwischenring oder Nahlinse
- Stativ

3 Umsetzung

1. Wählen Sie für die Belichtung Av/A.
2. Stellen Sie eine niedrige Blendenzahl ein, z. B. *f*2,8, *f*4 oder *f*5,6.
3. Die daraus resultierende Zeit sollte mindestens 1/300 s kurz sein, wenn sich die Blüte im Wind bewegt.
4. Sollte das nicht der Fall sein, stellen Sie den ISO-Wert höher. Denn eine Verdopplung des ISO-Wertes führt zu einer Halbierung der Belichtungszeit, macht sie also kürzer. Zum Beispiel: Sollten Sie bei ISO 200 eine Belichtungszeit von 1/50 s haben, so ergibt sich bei einem auf 400 erhöhten ISO-Wert eine Belichtungszeit von 1/100 s.
5. Gehen Sie so nah wie möglich an das Motiv heran, sodass das einzelne Autofokusfeld das Motiv scharf stellen kann.
6. Lösen Sie mit dem Selbstauslöser oder dem Fernauslöser aus.
7. Kontrollieren Sie, ob die Belichtung in Ordnung ist.
8. Korrigieren Sie ggf. die Belichtung mit der Taste +/– und lösen Sie noch einmal aus.

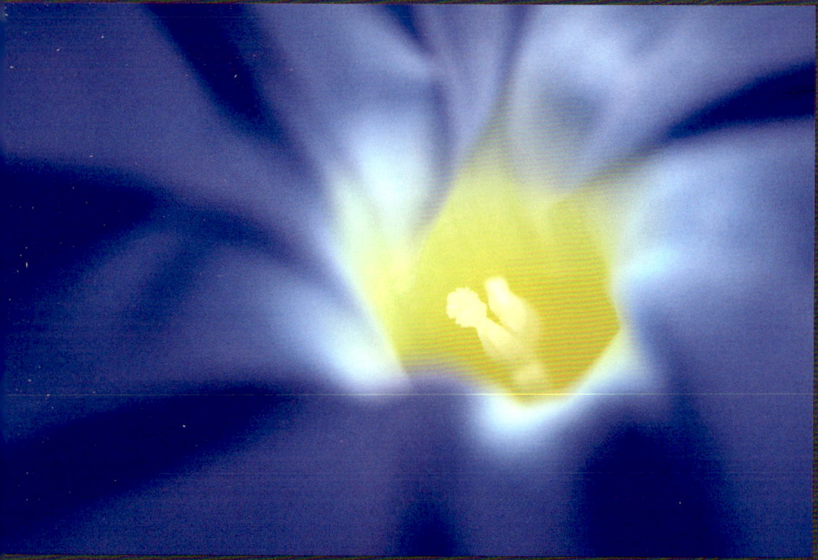

150 mm / f2,8 / 1/400 s / ISO 200

Fantasiefiguren im Sand

1 Die Idee des Bildes

Auch Sand kann spannend sein. Insbesondere, wenn sich verschiedenfarbene oder sich in Helligkeit unterschiedliche Sandschichten miteinander vermischt haben, können Sie oftmals Strukturen, Muster oder sogar Figuren darin entdecken. Obwohl Sie für dieses Motiv kaum Schärfentiefe benötigen, sollten Sie dennoch eine mittlere Blende benutzen, weil dadurch die Sandstruktur schärfer abgebildet wird.

2 Sie brauchen

- z. B. Normalobjektiv 50 mm
- Sand mit verschiedenen Farbtönen oder Helligkeiten

3 Umsetzung

1. Wählen Sie für die Belichtung Av/A.
2. Stellen Sie eine mittlere Blendenzahl ein, z. B. *f*8 oder *f*11.
3. Halten Sie die Kamera so, dass Sie von oben direkt auf das Motiv blicken.
4. Fokussieren Sie mit einem einzelnen Autofokusfeld auf den Sand.
5. Lösen Sie aus.
6. Kontrollieren Sie, ob die Belichtung in Ordnung ist.
7. Korrigieren Sie ggf. die Belichtung mit der Taste +/– und lösen Sie noch einmal aus.

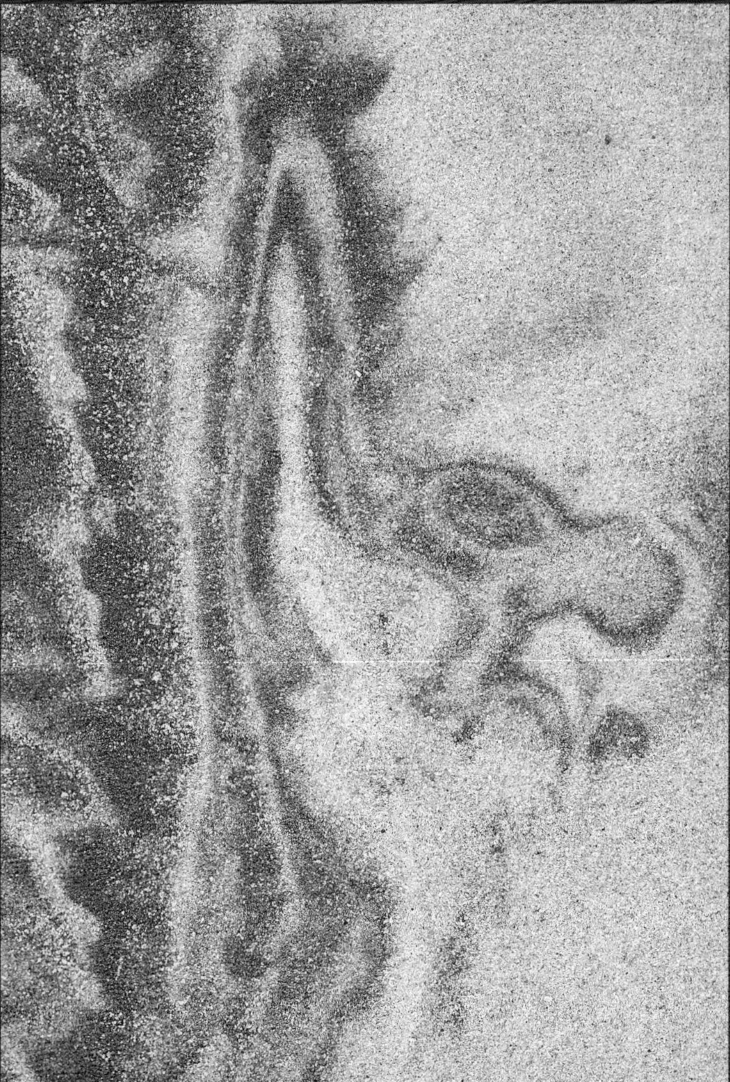

50 mm / f8 / 1/320 s / ISO 400

Außerirdische – oder nur Muster im Holz

1 Die Idee des Bildes

In geschliffenen Holzbohlen, so wie sie manchmal als Übergänge über Dünen oder feuchte Wiesen gelegt werden, finden Sie ein schier unerschöpfliches Potenzial an verschiedenen Holzmaserungen. Manchmal sind darin auch Figuren oder Gesichter zu entdecken. Ob Sie auf dem Foto rechts ein Muster im Holz oder das Gesicht eines „Außerirdischen" sehen, liegt ganz bei Ihnen.

2 Sie brauchen

- z. B. Teleobjektiv 70 – 200 mm
- Holzbohlen mit verschiedenen Maserungen

3 Umsetzung

1. Wählen Sie für die Belichtung Av/A.
2. Stellen Sie eine mittlere Blendenzahl ein, z. B. *f*8 oder *f*11.
3. Halten Sie die Kamera möglichst so, dass Sie von oben direkt auf das Motiv blicken.
4. Fokussieren Sie mit einem einzelnen Autofokusfeld auf das Holz.
5. Lösen Sie aus.
6. Kontrollieren Sie, ob die Belichtung in Ordnung ist.
7. Korrigieren Sie ggf. die Belichtung mit der Taste +/– und lösen Sie noch einmal aus.

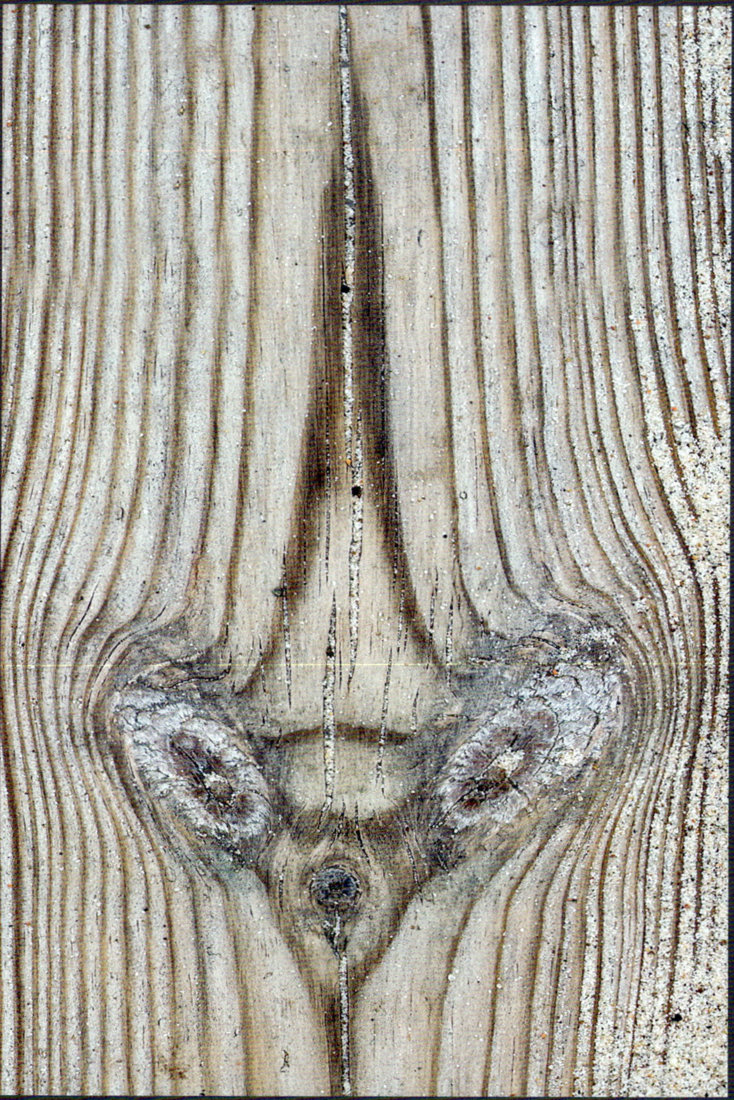

150 mm / f8 / 1/400 s / ISO 100

Fotografieren von Pflanzenstrukturen

1 Die Idee des Bildes

Sobald die Oberfläche nicht glatt ist, spricht man von Struktur. Wenn Sie Strukturen fotografieren, haben Sie auf dem Foto den Eindruck, diese fühlen zu können. Schöne Strukturen finden Sie oftmals an Baumrinden oder an Steinen und Steinwänden. Die abgebildete Pflanzendecke, mit den leicht stachelig wirkenden Blattspitzen, ist außerdem so aufgenommen, dass man den Eindruck hat, die Pflanzen gingen noch weit über den Bildrand hinaus.

2 Sie brauchen

- z. B. Teleobjektiv 70 – 300 mm

3 Umsetzung

1. Wählen Sie für die Belichtung Av/A.
2. Stellen Sie eine mittlere Blendenzahl ein, z. B. *f*8 oder *f*11.
3. Halten Sie die Kamera so, dass Sie von oben direkt auf das Motiv blicken.
4. Fokussieren Sie mit einem einzelnen Autofokusfeld auf die Pflanzendecke.
5. Lösen Sie aus.
6. Kontrollieren Sie, ob die Belichtung in Ordnung ist.
7. Korrigieren Sie ggf. die Belichtung mit der Taste +/– und lösen Sie noch einmal aus.

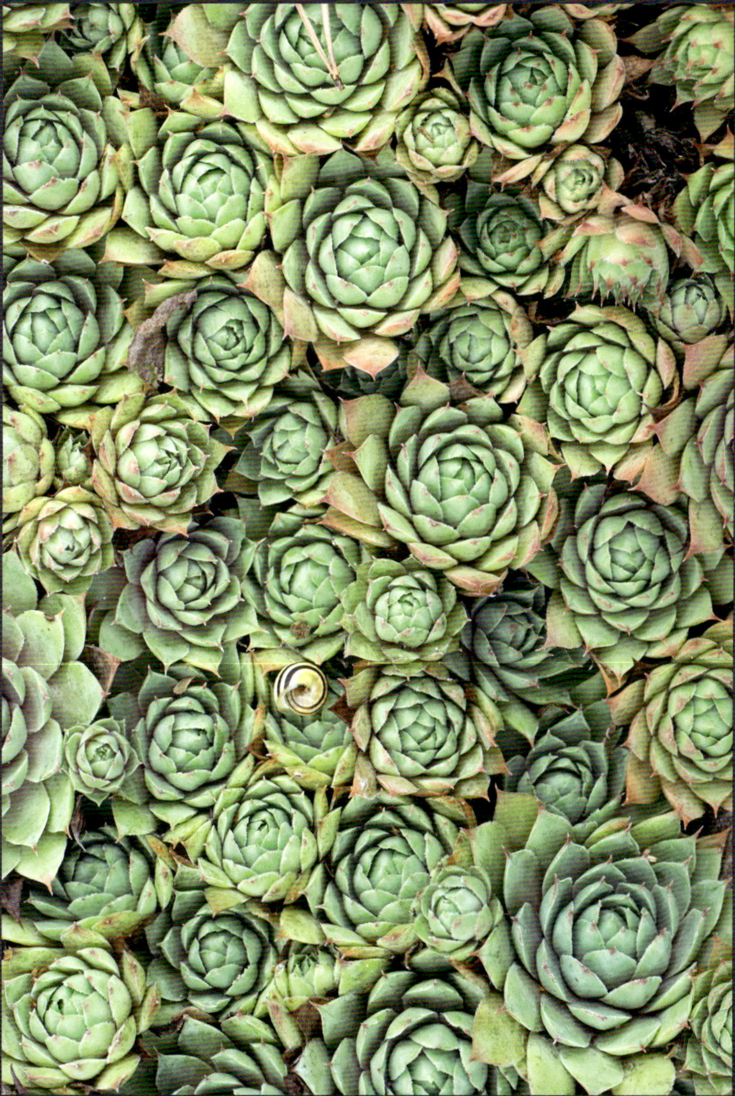

70 mm / f8 / 1/160 s / ISO 400

Der Himmel zieht ins Bild hinein

1 Die Idee des Bildes

Schauen Sie ruhig öfter mal in den Himmel. Manchmal bieten sich im Wolkenbild wunderbare Motive. Die Wolkenbildung auf dem Foto entwickelt – unterstützt durch ein geeignetes Objektiv – eine richtige Sogwirkung und zieht den Betrachter in die Tiefe des Bildes hinein. Da der Himmel hier bei Weitem interessanter ist als der Strand, wurde der Horizont bei der Aufnahme extrem niedrig gelegt. Wenn die Wolken sehr schnell vorbeiziehen, achten Sie auf eine kurze Belichtungszeit.

2 Sie brauchen

- z. B. Weitwinkelobjektiv 18 – 55 mm

3 Umsetzung

1. Wählen Sie für die Belichtung Av/A.
2. Stellen Sie eine mittlere Blendenzahl ein, z. B. *f*11 oder *f*16.
3. Fokussieren Sie mit einem einzelnen Autofokusfeld ins erste Drittel.
4. Achten Sie darauf, dass der Horizont möglichst gerade ist.
5. Lösen Sie aus.
6. Kontrollieren Sie, ob die Belichtung des Motivs in Ordnung ist.
7. Korrigieren Sie ggf. die Belichtung mit der Taste +/– und lösen Sie noch einmal aus.

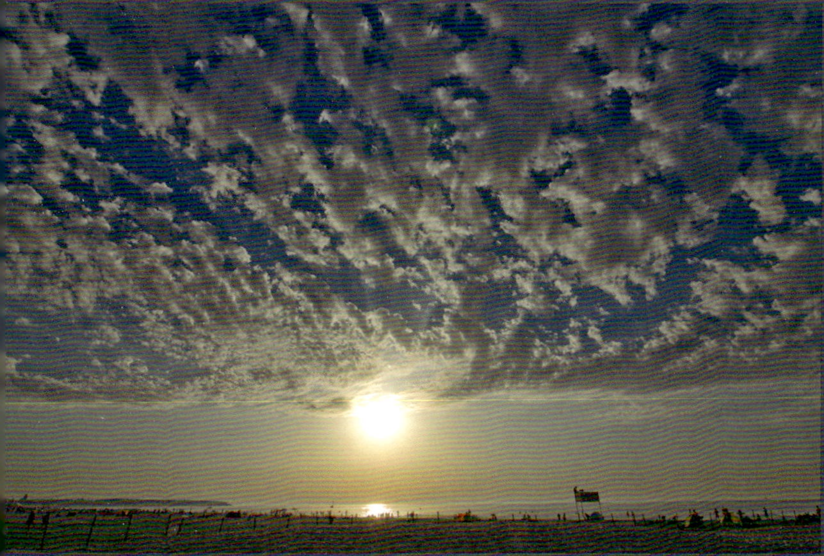

18 mm / f16 / 1/1000 s / ISO 400

Verwirrung schaffen: Wolke oder Rauch?

1 Die Idee des Bildes

Machen Sie doch einmal ein Foto, das den Betrachter gedanklich erst in eine andere Richtung lenkt. Auf dem Foto rechts sieht es so aus, als wäre weißer Rauch aus dem Schornstein des Hauses entwichen. Tatsächlich ist es aber eine Wolke am Himmel, die durch Wahl des Standortes bewusst so platziert wurde, als wäre sie aus dem Schornstein aufgestiegen.

2 Sie brauchen

- z. B. Normalobjektiv 50 mm
- Wolken
- Hausdach mit Schornstein
- Licht von der Seite
- Polfilter

3 Umsetzung

1. Wählen Sie für die Belichtung Av/A.
2. Stellen Sie eine mittlere Blendenzahl ein, z. B. *f*8 oder *f*11.
3. Wählen Sie Ihren Standort so, dass die Wolke direkt über dem Schornstein platziert ist.
4. Fokussieren Sie mit einem einzelnen Autofokusfeld auf das Dach.
5. Drehen Sie am Polfilter so lange, bis sich die weiße Wolke gut vom dunklen, blauen Himmel abhebt.
6. Lösen Sie aus.
7. Kontrollieren Sie, ob die Belichtung in Ordnung ist.
8. Korrigieren Sie ggf. die Belichtung mit der Taste +/– und lösen Sie noch einmal aus.

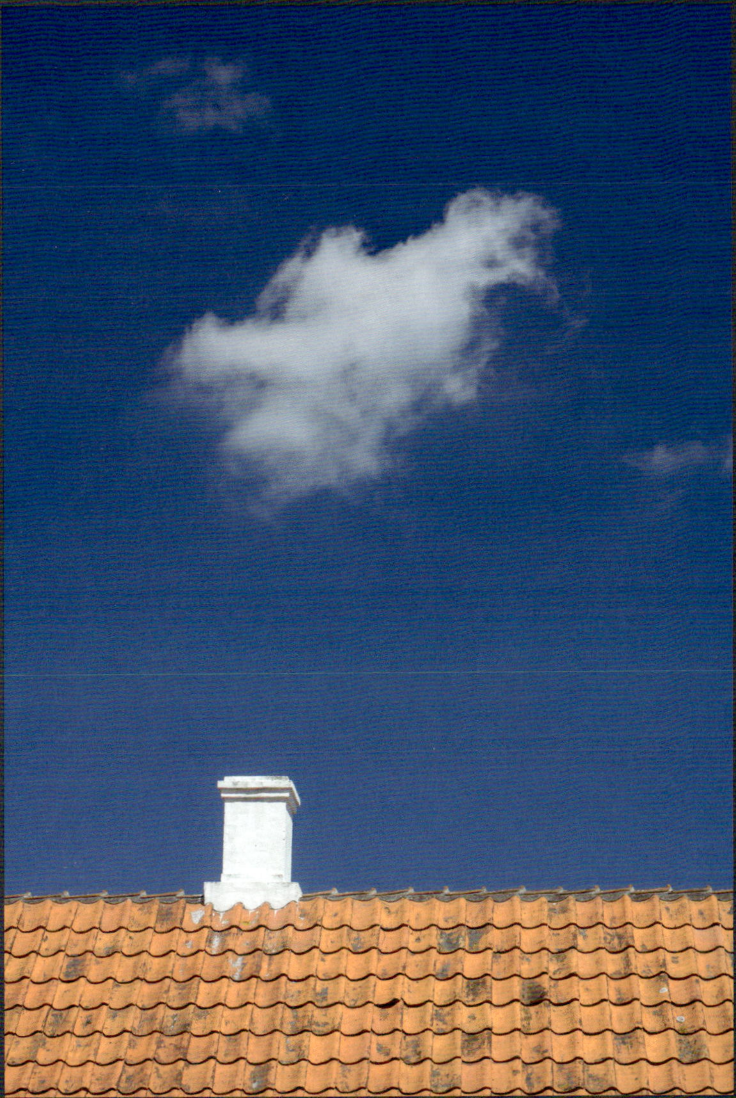

50 mm / f8 / 1/60 s / ISO 100

Wolkengesicht

1 Die Idee des Bildes

Sollten Ihnen unterwegs einmal die Motive ausgehen, legen Sie sich zur Entspannung auf eine Wiese und schauen Sie in den Himmel. Vielleicht entdecken Sie dort oben das eine oder andere Wolkenschäfchen oder sogar ein Wolkengesicht.

2 Sie brauchen

- z. B. Normalobjektiv 50 mm
- weiße Wolken

3 Umsetzung

1. Wählen Sie für die Belichtung Av/A.
2. Stellen Sie eine mittlere Blendenzahl ein, z. B. ƒ11.
3. Fokussieren Sie mit einem einzelnen Autofokusfeld auf eine Wolke am Himmel.
4. Drehen Sie am Polfilter so lange bis sich die weiße Wolke gut vom dunklen, blauen Himmel abhebt.
5. Lösen Sie aus.
6. Kontrollieren Sie, ob die Belichtung des Motivs in Ordnung ist.
7. Korrigieren Sie ggf. die Belichtung mit der Taste +/– und lösen Sie noch einmal aus. In den hellen Stellen der Wolke sollte immer noch etwas Zeichnung sein.

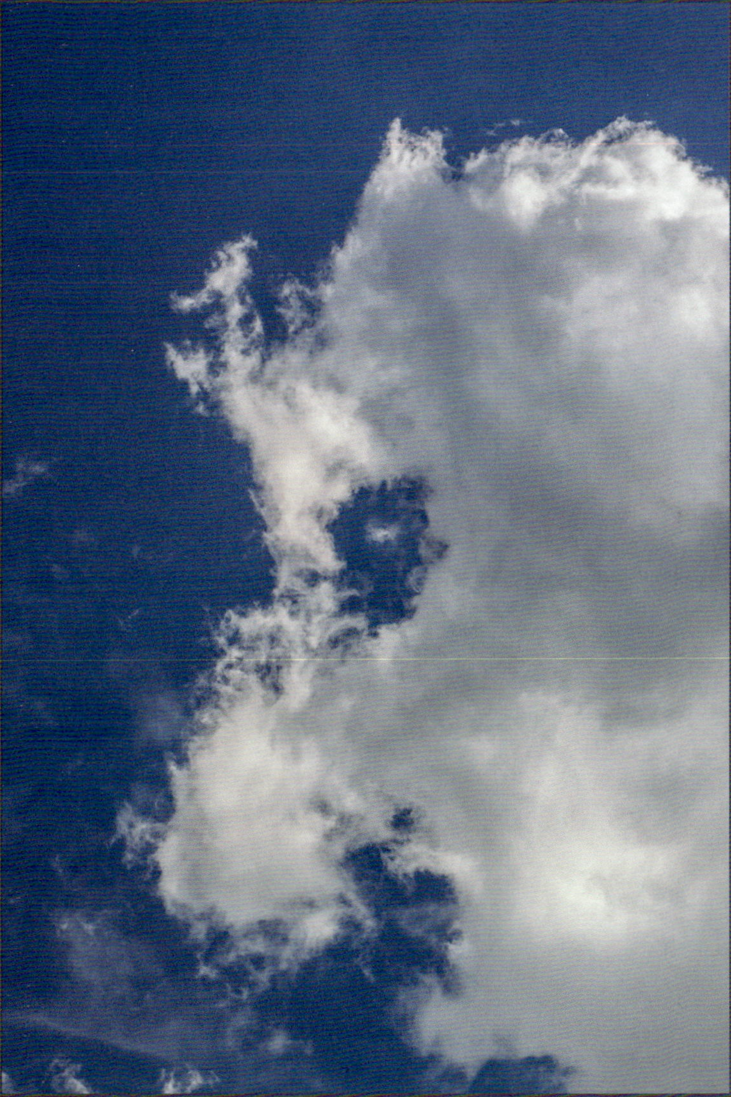

50 mm / f8 / 1/125 s / ISO 200

Blick in den Seitenspiegel

1 Die Idee des Bildes

Nicht überall, wo es einem gefällt, kann man anhalten oder aussteigen. Aber auch direkt vom Auto aus lassen sich interessante Fotos machen. Dabei darf durchaus zu erkennen sein, dass das Foto aus dem Auto heraus entstanden ist, z. B. durch einen Blick in den Seitenspiegel.

2 Sie brauchen

- z. B. Weitwinkelobjektiv 18 – 55 mm
- Seitenspiegel des Autos

3 Umsetzung

1. Putzen Sie den Seitenspiegel und das Beifahrerfenster.
2. Wählen Sie für die Belichtung Av/A.
3. Wählen Sie Serienaufnahme.
4. Stellen Sie eine mittlere Blendenzahl ein, z. B. *f*11.
5. Fokussieren Sie mit einem einzigen Autofokusfeld.
6. Lösen Sie aus.
7. Kontrollieren Sie, ob die Belichtung des Motivs in Ordnung ist.
8. Korrigieren Sie ggf. die Belichtung mit der Taste +/– und lösen Sie noch einmal aus.

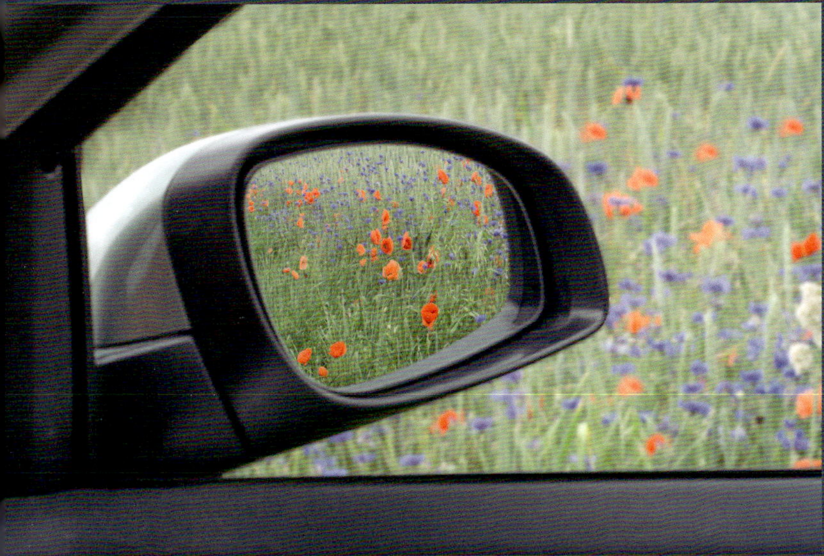

50 mm / f11 / 1/100 s / ISO 200

Eine Schifffahrt bringt Motive

1 Die Idee des Bildes

Wenn Sie auf Ihrer Reise Strecken mit dem Schiff zurücklegen, halten Sie Ihre Kamera griffbereit. Oftmals bieten sich in Küstennähe tolle Motive, wie z. B. vorgelagerte Felsen oder sogar Seehundbänke. Hierbei liegt die Schwierigkeit für den Fotografen darin, die Kamera ruhig zu halten, obwohl das Schiff sowohl durch die Fahrt als auch durch den Wellengang in ständiger Bewegung ist.

2 Sie brauchen

- z. B. Teleobjektiv 70 – 300 mm
- Seehundbänke

3 Umsetzung

1. Wählen Sie für die Belichtung Av/A.
2. Stellen Sie an der Kamera Reihenaufnahme ein.
3. Stellen Sie eine weit geöffnete Blende ein, z. B. *f*5,6.
4. Die daraus resultierende Zeit sollte mindestens 1/500 s kurz sein.
5. Sollte das nicht der Fall sein, öffnen Sie, wenn möglich, die Blende auf *f*4 oder stellen Sie den ISO-Wert höher, z. B. von 200 auf 400. Fokussieren Sie mit einem einzelnen Autofokusfeld.
6. Lösen Sie aus.
7. Kontrollieren Sie, ob die Belichtung des Motivs in Ordnung ist.
8. Korrigieren Sie ggf. die Belichtung mit der Taste +/– auf –1 und lösen Sie noch einmal aus.

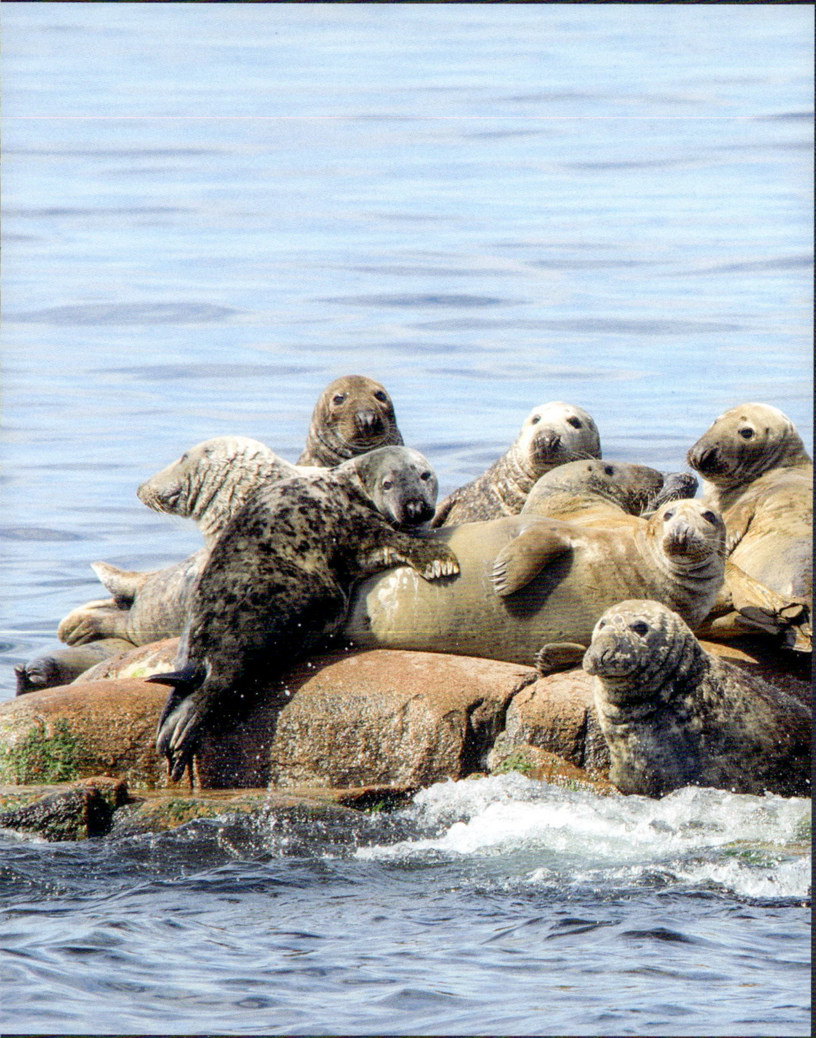

300 mm / ƒ13 / 1/800 s / ISO 800

Mit dem Auto durch die Nacht

1 Die Idee des Bildes

Wenn Sie auf Ihrer Reise bei Nacht Strecken zurücklegen und einen Beifahrer haben, nutzen Sie die Gelegenheit für Farbimpressionen durch Straßen- und Schaufensterbeleuchtung am Straßenrand. Da diese Aufnahmen von der Rückbank des Autos gemacht wurden, brauchen Sie einen Mitfahrer, der auf der Rückbank die Kamera bedient.

2 Sie brauchen

- z. B. Superweitwinkelobjektiv 12 – 24 mm
- Stativ

3 Umsetzung

1. Setzen Sie einen Mitfahrer auf die Rückbank, der die auf das Stativ gesetzte Kamera bedient.
2. Wählen Sie für die Belichtung Av/A.
3. Stellen Sie eine mittlere Blendenzahl ein, z. B. *f*11.
4. Fokussiert wird mit einem einzelnen Autofokusfeld durch die Frontscheibe des Autos nach vorne.
5. Auslösen mit Selbstauslöser.
6. Halten Sie an und kontrollieren Sie, ob die Belichtung des Motivs in Ordnung ist.
7. Korrigieren Sie ggf. die Belichtung mit der Taste +/–, fahren Sie weiter und lassen den Mitfahrer noch einmal auslösen.

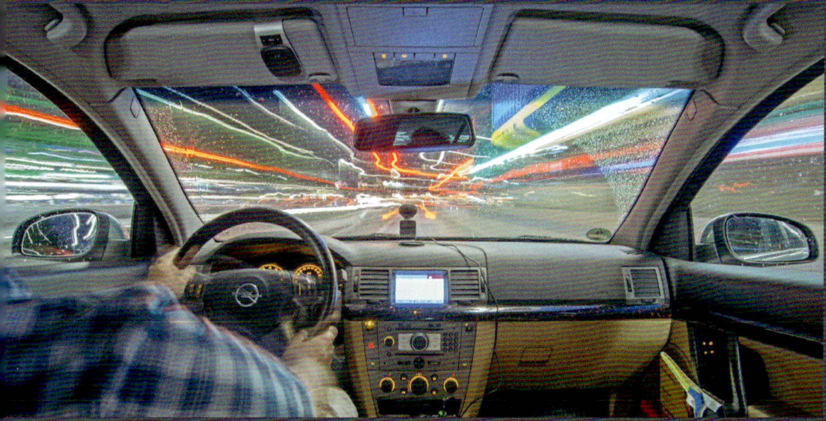

12 mm / f8 / 15 s / ISO 200

Alles drauf durch niedrige Perspektive

1 Die Idee des Bildes

Möchte man Mitreisende vor einem hohen Gebäude fotografieren und soll dabei das ganze Gebäude mit auf das Foto passen, ist dies trotz Weitwinkelobjektiv nicht einfach. Eine Möglichkeit ist, dass Sie beim Fotografieren eine extrem niedrige Perspektive einnehmen. Für das Foto rechts hat sich der Fotograf vor dem Motiv mit dem Rücken auf die Erde gelegt, also die niedrigste überhaupt mögliche Position eingenommen. Die Kamera, mit Weitwinkelobjektiv, wurde bei der Aufnahme steil nach oben gerichtet.

2 Sie brauchen

- z. B. Superweitwinkel 10 – 18 mm

3 Umsetzung

1. Wählen Sie für die Belichtung Av/A.
2. Stellen Sie eine höhere Blendenzahl ein, z. B. f16.
3. Fokussieren Sie mit einem einzelnen Autofokusfeld auf das Motiv im Vordergrund.
4. Lösen Sie aus.
5. Kontrollieren Sie, ob die Belichtung des Motivs in Ordnung ist.
6. Korrigieren Sie ggf. die Belichtung mit der Taste +/– und lösen Sie noch einmal aus.

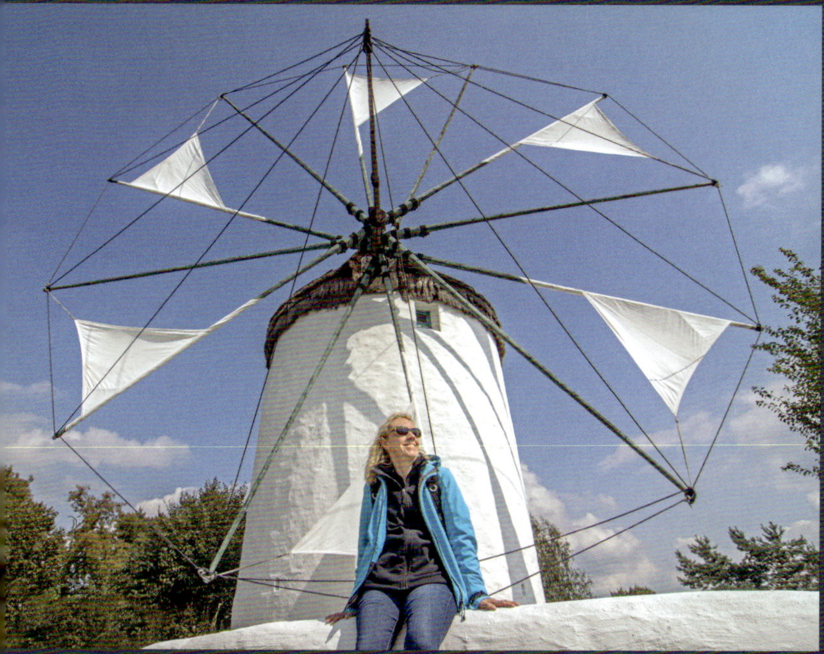

12 mm / f16 / 1/400 s / ISO 200

Größenverhältnisse umkehren

1 Die Idee des Bildes

Aufnahmen von Personen vor großen Gebäuden sind gar nicht so einfach. Entweder man hat das ganze Gebäude auf dem Foto und die Person davor ist verschwindend klein, oder man wählt einen Ausschnitt, auf dem die Person relativ groß abgebildet, das Gebäude aber nicht ganz drauf ist. Bei diesem Foto wurden die Größenverhältnisse einfach umgekehrt, durch einen weiten Abstand zum Gebäude, ein Weitwinkelobjektiv und einen nahen Aufnahmestandpunkt zur Person.

2 Sie brauchen

- z. B. Superweitwinkel 12 – 24 mm

3 Umsetzung

1. Wählen Sie für die Belichtung Av/A.
2. Stellen Sie eine höhere Blendenzahl ein, z. B. f16.
3. Fokussieren Sie mit einem einzelnen Autofokusfeld auf die Person.
4. Achten Sie darauf, dass das Gebäude exakt auf der Hand der Person platziert ist. Wählen Sie eine entsprechende Position bzw. sagen Sie der Person, wie sie genau die Hand halten soll.
5. Lösen Sie aus.
6. Kontrollieren Sie auf dem Foto, ob das Gebäude gut auf der Hand positioniert ist.
7. Kontrollieren Sie auch, ob die Belichtung des Motivs in Ordnung ist.
8. Korrigieren Sie ggf. die Belichtung mit der Taste +/– und lösen Sie noch einmal aus.

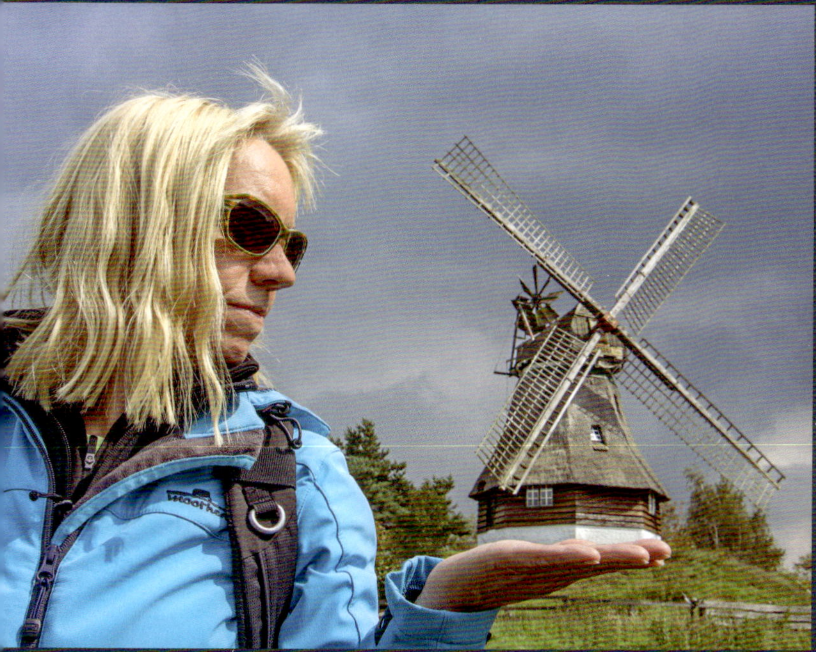

24 mm / f16 / 1/200 s / ISO 200

Blick nach oben

1 Die Idee des Bildes

Auf der Suche nach interessanten Motiven sollten Sie den Blick in alle Richtungen schweifen lassen, auch nach oben. Der Hund auf dem Dach war eine echte Überraschung, die leider nur wenige Sekunden dauerte. Dann verschwand er auf der anderen Seite des Daches. Also ein echter Schnappschuss.

2 Sie brauchen

- z. B. Teleobjektiv 70 – 300 mm

3 Umsetzung

1. Wählen Sie für die Belichtung Av/A.
2. Stellen Sie eine kleine Blendenzahl ein, z. B. f5,6.
3. Fokussieren Sie mit einem einzelnen Autofokusfeld auf das Motiv.
4. Lösen Sie aus.

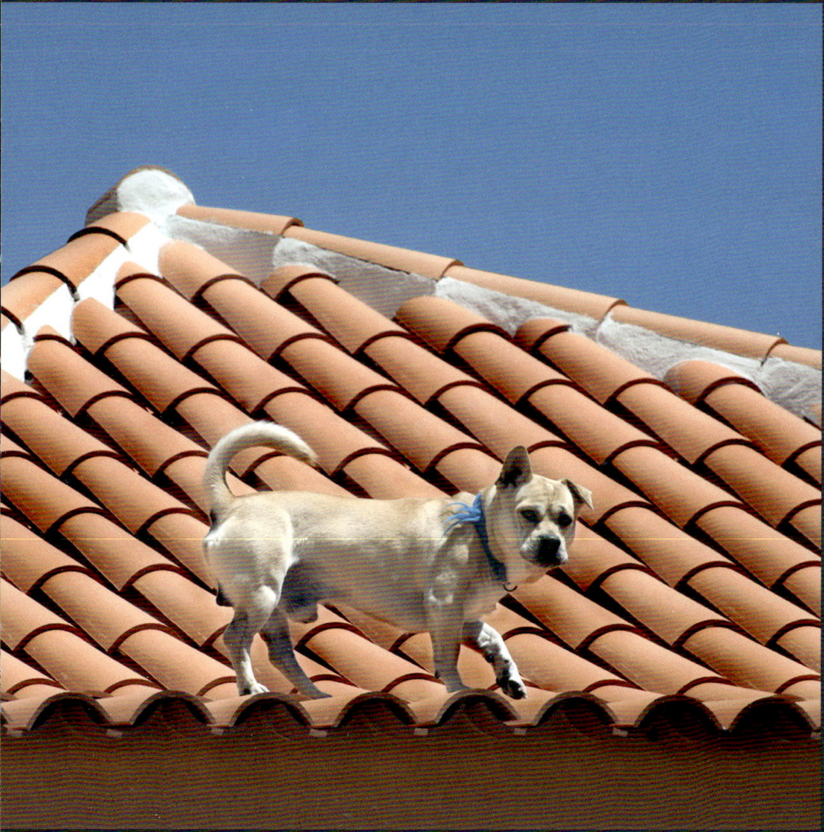

300 mm / ƒ11 / 1/500 s / ISO 400

Hallo, ihr Reisenden ...

1 Die Idee des Bildes

Auf Reisen begegnen Ihnen vielleicht einige Dinge, die Sie zum Schmunzeln bringen. Nehmen Sie es ruhig auf, denn Fotografieren soll Spaß machen. Die Nymphendolden auf dem Lavafeld scheinen uns freudig winkend zu begrüßen. Was gibt es Schöneres, als bekannte Dinge neu zu entdecken?

2 Sie brauchen

- z. B. Teleobjektiv 70 – 300 mm

3 Umsetzung

1. Wählen Sie für die Belichtung Av/A.
2. Stellen Sie eine mittlere Blendenzahl ein, z. B. ƒ8.
3. Fokussieren Sie mit einem einzelnen Autofokusfeld auf eine der nebeneinanderstehenden Pflanzen.
4. Lösen Sie aus.
5. Kontrollieren Sie, ob die Belichtung des Motivs in Ordnung ist.
6. Korrigieren Sie ggf. die Belichtung mit der Taste +/– und lösen Sie noch einmal aus.

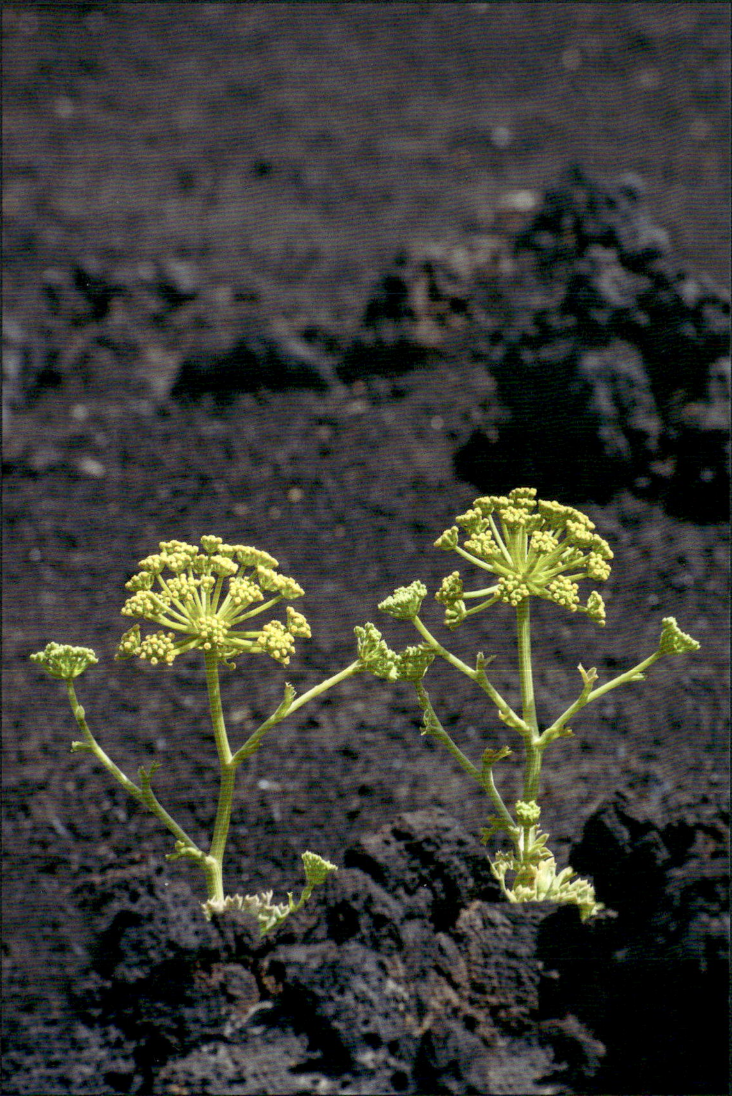

185 mm / f8 / 1/500 s / ISO 400

Schräges Schaf

1 Die Idee des Bildes

Mit dem Weitwinkel lassen sich oftmals überraschend lustige Fotos machen, hervorgerufen durch die verzerrende Wirkung, wenn man die Kamera schräg von unten oder von oben auf das Motiv richtet. So konnten wir der Versuchung nicht widerstehen, als das Schaf neugierig auf uns und die Kamera zulief und ganz nahe herankam. Heraus kam ein wirklich schräges Schaf, bei dem der Kopf des Tieres übergroß erscheint, der Körper dagegen winzig klein.

2 Sie brauchen

- z. B. Superweitwinkel 10 – 18 mm

3 Umsetzung

1. Wählen Sie für die Belichtung Av/A.
2. Stellen Sie eine mittlere Blendenzahl ein, z. B. *f*11.
3. Fokussieren Sie mit einem einzelnen Autofokusfeld auf das Motiv.
4. Lösen Sie aus.
5. Kontrollieren Sie, ob die Belichtung des Motivs in Ordnung ist.
6. Korrigieren Sie ggf. die Belichtung mit der Taste +/– und lösen Sie noch einmal aus.

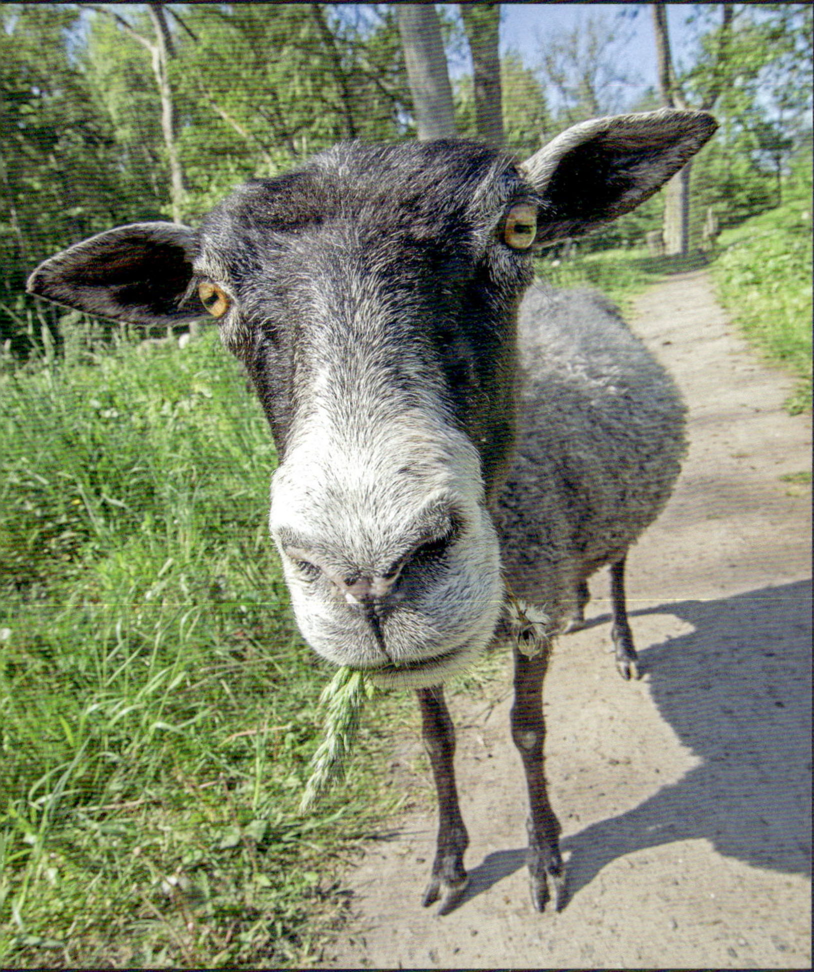

12 mm / f11 / 1/400 s / ISO 400

ÜBER DIE FOTOSCHULE DES SEHENS

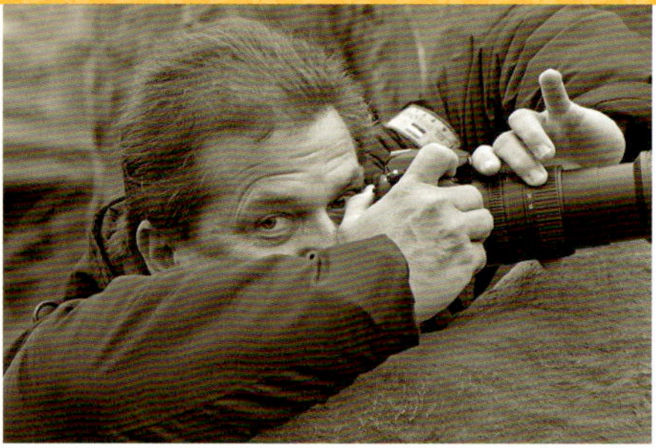

Der Fotografenmeister Peter Uhl gründete zusammen mit seiner Frau, der Diplom-Biologin und Fotografin Martina Walther-Uhl, 2008 die Fotoschule des Sehens. Zunächst starteten sie mit einem kleinen Fotoseminarangebot im Raum Hannover. Doch aufgrund stark wachsender Nachfrage zu verschiedensten Fotothemen vergrößerten sie kontinuierlich ihr Fotoseminarangebot, nicht nur thematisch, sondern auch regional. Heute bieten beide als Fotoschule des Sehens europaweit etwa 100 ein- und mehrtägige Fotoseminare pro Jahr an. Das komplette Seminarangebot ist auf der Website **www.fotoschule-des-sehens.de** ersichtlich.

Der Erfolg liegt nicht nur im fundierten fachlichen Wissen, das beide in den Fotoseminaren vermitteln. Eine große Rolle spielt auch die Fähigkeit, komplexe Zusammenhänge der Fotografie leicht verständlich und für jedermann schnell erfassbar zu beschreiben. Die Seminaratmosphäre ist so gestaltet,

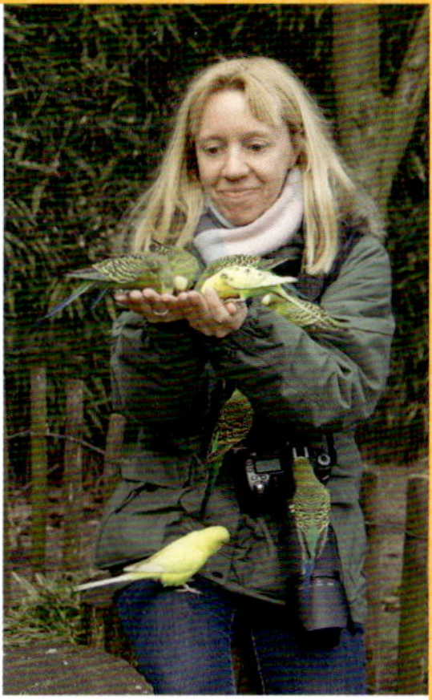

dass jede Frage ernst genommen und ausführlich beantwortet wird.

In allen Fotoseminaren kommt immer wieder ein Leitsatz für die Fotografie zum Ausdruck: Fotografieren soll Spaß machen und neue Sichtweisen ermöglichen, aber nicht zum Leistungsdruck werden.

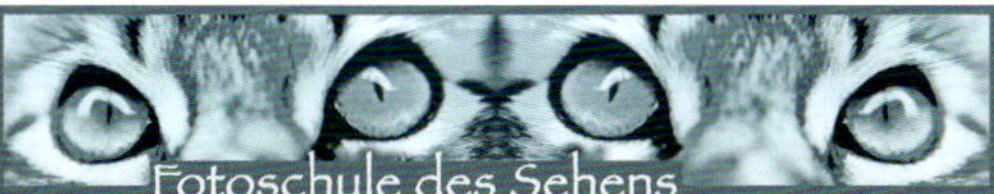

Profifotos in drei Schritten

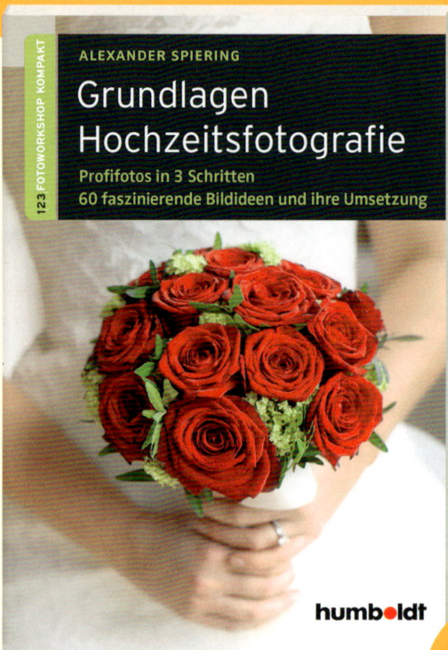

- Der perfekte Einstieg in die Hochzeitsfotografie, kein theoretisches Wissen nötig!
- 60 faszinierende Bildideen und ihre Umsetzung für alle wichtigen Momente: Standesamt, Kirche, Spiele, Ehrentanz, Porträts, Gruppenfotos, Deko, Buffet, u. v. m.
- Perfekt für die Fototasche

Auch als eBook erhältlich

Alexander Spiering

Grundlagen Hochzeitsfotografie

216 Seiten, 151 Abbildungen
11,8 x 17,0 cm, Broschur
ISBN 978-3-86910-205-4
€ 16,99 [D]/€ 17,50 [A]

Schritt für Schritt zum perfekten Foto

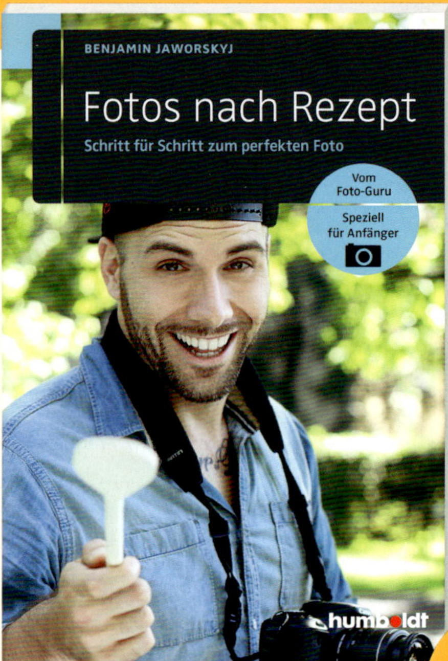

- Benjamin Jaworskyj gilt als „Jamie Oliver der Fotografie“
- Perfekt für Hobbyfotografen: So verständlich wurde die Fotografie noch nie erklärt
- Bilder, die wirklich jeder nachmachen kann
- Sehr erfolgreicher Fotografie-Youtube-Kanal

Auch als eBook erhältlich

Benjamin Jaworskyj

Fotos nach Rezept

200 Seiten, 229 Fotos
14,5 x 21,5 cm, Broschur
ISBN 978-3-86910-208-5
€ 26,99 [D]/€ 27,80 [A]

Stand Januar 2015. Änderungen vorbehalten.

Bibliografische Information der Deutschen Nationalbibliothek
Die Deutsche Nationalbibliothek verzeichnet diese Publikation in der Deutschen Nationalbibliografie; detaillierte bibliografische Daten sind im Internet über http://dnb.ddb.de abrufbar.

ISBN 978-3-86910-212-2 (Print)
ISBN 978-3-86910-246-7 (PDF)
ISBN 978-3-86910-247-4 (EPUB)

Die Autoren: Der Fotografenmeister Peter Uhl und die Diplom-Biologin Martina Walther-Uhl sind Fotografen aus Leidenschaft. Gemeinsam zeigen sie mit ihrer Fotoschule des Sehens jährlich mehreren Tausend Hobbyfotografen, wie auch ohne große Vorkenntnisse faszinierende Fotos entstehen. Ihre europaweit veranstalteten Foto-Seminare sind deshalb so erfolgreich, weil sie Einsteiger und Fortgeschrittene zu schnellen Erfolgserlebnissen führen und damit den Spaß am Fotografieren vervielfachen.

Originalausgabe

Eine Marke der Schlüterschen Verlagsgesellschaft mbh & Co. KG,
Hans-Böckler-Allee 7, 30173 Hannover
www.schluetersche.de
www.humboldt.de

Lektorat: Esther Gabler, Steinenbronn
Layout: Sehfeld, Hamburg
Covergestaltung: Kerker + Baum Büro für Gestaltung, Hannover
Fotos: Fotoschule des Sehens
Satz: PER Medien+Marketing GmbH, Braunschweig
Druck und Bindung: gutenberg beuys feindruckerei GmbH, Langenhagen